實用與理想的合眾為一

美利堅的智慧

桂保　著

前言 FOREWORD

實用與理想的合眾為一

「美利堅的智慧」這種特殊的組合，使我們面臨著雙重的疑難。

一方面，「智慧」既可以是單稱的某個個人思維運作方式和行為表現方式的標誌，更可能是全稱的某個民族文化形態的精髓和內核。由於這一特性，單稱個人的運思方式和行為方式在何種程度上才能被視作其所屬民族智慧心的聚焦和縮影，就不單單是這個個人對其民族的從屬性所能全部規定的。

另一方面，更大的疑難還在於我們把考察「智慧」的目光特定地投向了美國。毋庸置疑，一個民族的「智慧」必然是該民族的成員在日常的生活方式、行為方式和交往方式中所表現出來的「智慧」。然而，一說到美國，不是立即使人感受到沒有歷史根基之輕和頭緒混雜的壓迫嗎！若從一七七六年七月四日宣布成立美利堅合眾國算起，則只有二百多年的歲月，用以描述許多國家和民族的「源遠流長」一詞是絕對同美國無緣的。

源不遠、流不長，使得美國缺乏希羅多德前五世紀，古希臘作家和維吉爾（奧古斯都時代古羅馬詩人）式的史詩撰寫者，更缺乏類似經史子集或筆記小說那樣充滿生動智趣的典籍文獻。於是，「美利堅的智慧」彷彿在更大程度上是通過美國人的行為方式所表現出來的一種行動的智慧。

「美利堅的哲人」愛默森於一八四七年寫道：「倘若有一種為人們普遍接受的測驗國民創造力的方法，那就是成功。」

　　這條標準本身是為美國人所普遍接受的。按照這條標準，美國人無疑在許多領域都獲得了巨大的成功；而從根基上看，所有這些成功均得力於作為美國人精神原型的——「實用的智慧」：這是一種關涉人的生存境況之行動的智慧、一種科學實驗之探究創新的智慧。

　　美國人的行為方式生動地反映了美國人的智慧運作方式；而在另一方面，「美利堅的智慧」顯然又難以為美國人的行為方式所全部包容。從根本上說，探究「美國的智慧」所遭遇到的困難也就是對「美國人」加以定義的困難所在。

　　移居美國的法國紳士約翰・克雷夫科爾在其一七八二年所編寫的《美國農民書簡》一書中就曾指出，當時在美國到處可以看到這樣的家庭：「祖父是英吉利人，他的妻子是荷蘭人，兒子娶法蘭西女子為妻，現有四個兒子的四個妻室都屬於不同的民族。」這種奇特的混合血統不斷妨礙著我們為從美國人的共同行為方式中尋求智慧運作規律所作的種種努力。

　　因此，本書的更大篇幅著力於從美國人製作和操作語言符碼的高超才能中探討「美利堅的智慧」的運作方式，這不僅僅因為語言符碼是民族大熔爐中的美國人最具典範意義的精神財富，而且因為，在語言符碼的製作與操作活動中所體現出來的自由精神、平等觀念、放大與縮微的張弛、控制與反控制的抗爭、逃遁與超逸的荣略，都是美國人最為生動有趣的智慧運作方式的表徵；在某種程度上可以說，「美利堅的智慧」正是在符碼化——超符碼化——解符碼化的語言符碼的演算進程中得以最清晰地體現。

在更為廣泛的意義上，包括哲學、語言學、文化人類學理論在內的各種知識體系，也是一種語言符碼；雖然「實用的智慧」表現出弦烈的反智傾向，但是）通過對「實用的智慧」與各種知識體系內在關聯的考察，通過把美國思想家的理論體系同世界範圍內其他許多種思想體系加以比附參較，能夠使我們更全面、更深入地把握「美利堅的智慧」的實質──這也就是本書反覆引證多種理論學說的著眼點所在。

這種考察視角的依據還在於，本書中用以分析「美利堅的智慧」的許多理論，其本身就是美國思想家的智慧成果，把理論形態和智慧兩者融貫一體，也可說構成了本書的重要框架和顯明風格。

最後，本書的寫作得到了顧曉鳴教授的啟思指點和周向潮先生的有力支持，同時也包含著林暉、渠敬東君的心血。在此深表謝意。

目錄 CONTENTS

Chapter 1
原型：實用的智慧

　　關於美國，前法國總統戴高樂將軍曾經下過這樣一句著名的斷語：「美國是歐洲的女兒。忽視這一點，無疑是對現實的否認，是對文明說教的褻瀆。」戴高樂要求人們認可的事實就是：美利堅民族的發育和生長是通過移植和複製歐洲根深柢固的傳統價值觀念，尤其是接受文藝復興和啟蒙運動以來的歐洲價值觀念才得以實現的；因此，只有回溯和把握歐洲中心文明的淵源流變，才能找尋到美利堅民族的思想、行為與智慧的原型或母題。

　　許多年來，所一以貫之的這條歐洲中心論的探究思路，往往使人們過多地執著於美國與歐洲的紐帶聯結關係，或者是依據這一連續性的紐帶關係來說明美利堅民族的獨特品格，從而相對地妨礙了對下述問題的直接面對和深入挖掘：美國本鄉本土實用的思想方式與行為方式為什麼沒能夠在歐洲傳統的價值觀念所規約和把持的土壤上生根長成？

　　價值觀念和思想意識是促成和維繫各民族的重要力量，這些力量絕不是凝固靜止的體系或狀態。英國學者 R・道金斯在

《自私的基因》一書中借助於生物學的「基因」思想成果，首創「覓母」（Mimeme──可縮為 meme）概念，用以說明文化的傳播過程是以模仿的方式對「覓母」加以複製的過程，調子、概念、妙句、時裝、生活方式等等都是這種可以複製的「覓母」。道金斯實即強調了文化傳播的遺傳特性，從而相對地忽視了傳播過程中的變異特性。與此相反，美國文化人類學家露絲·潘乃德（1887-1948）借用美洲印第安人的「生活之杯」概念來喻指維繫各民族價值觀念與生活方式的總體「文化模式」，並且從外在形態上把這種「生活之杯」首先看作是各民族生息繁衍於其中的自然地理環境。這種意義上的「生活之杯」無疑更加強調了文化傳播過程中所可能出現的變異特性。

對於承襲著歐洲傳統的價值觀念移居到美洲的最早一批清教徒來說，大洋彼岸自然環境險惡的嚴峻現實要求他們在思想和行為上作出迅速的反應，於是，歐洲傳統的價值觀念作為一種「覓母」，便被裝進一隻全新的生活陶杯之中，從而熔鑄出最具美利堅民族特色，注重實用的思想方式與行為方式。在此意義上，作為原型或母題的實用智慧既不是歐洲清教徒移民，也不是美洲土著印第安人的專利，而是歐洲價值觀念的「覓母」同印第安人的「生活之杯」共同熔鑄而出的全新產物。

效果至上的理路

「實用的智慧」最光閃的亮點在於注重和強調思想與行為的收穫與效果。心理學者威廉·詹姆士說：「實用主義的方法不是什麼特別的結果，只不過是一種確定方向的態度。這個態度不是去看最先的事物、原則、『範疇』和假定是必需的東

西，而是去看最後的事物、收穫、效果和事實。」❶概念、命題、理論，乃至行為本身所具有的意義不是從驗前理由、固定的原則和封閉的體系來加以說明的，而是從各自的實際效果才得以呈現的。任何思想過程和行為過程如果不能取得實際的效果，就毫無意義可言；思想過程和行為過程之意義的大小也是以其所發生之實際效果的差別來判定的。創造發明家之偉大如愛迪生者概莫能外乎這種標準。

愛迪生堪稱美國歷史上最偉大的發明家，但他於一八六八年在波士頓所獲得的第一項發明專利──自動投票記錄儀，無論如何也不能出售出去，因為當時美國的政治家都熱衷於自己動手親自查對選票。第二年，愛迪生把這種自動投票記錄儀改造為證券行情自動記錄收報機後，才在紐約售出了第一台，並使他掙了四萬美元。

「實用的智慧」注重和強調思想與行為的效果，而所謂「效果」，首要的就是必須使人感到滿意。單個人在思想和行動的過程中實現了自己的目的時總是感到心滿意足的，但這種滿足尚不足以構成效果的全部評價指標，真正的效果還必然包含著團體或社會成員的滿意因素在內。愛迪生所發明的自動投票記錄儀之所以效果不佳，就在於它尚沒有能夠為社會的價值評判系統所接納。

對於效果的社會性成分，聰明的美國廣告商可謂洞若觀火。他們深知，消費者消費各種商品的過程不僅僅是商品被消耗的物理過程，而且實在包含著消費者得到滿足的心理成分在內。於是，一位名叫韋勒的美國當代銷售學家把效果至上的實用原則稍稍移植到銷售學上，便誕生了令全球廣告商和整個銷

---

❶　〔美〕威廉・詹姆士：《實用主義》，陳羽綸、孫瑞禾譯，第三一頁。

售學界大為震驚和興奮的「韋勒原則」——

不要賣牛徘，要賣燒烤牛排的滋滋聲。

這條充滿隱喻意味的銷售學原理堪稱最少中間環節的「攻心術」，因為商品市場上至高無上的一條公理就是消費慾望引導和支配消費行為。在消費者那裡，對商品的占有往往是難以覺察地成為一種中間環節和過渡階段，而享用和消費物品所帶來的心理滿足則成為消費的最佳效果。因此，毫無生氣的牛排顯然不如燒烤牛排時所發出的啦啦聲更能夠刺激人們的胃口。「韋勒原則」把享用某種商品時所導致的樂趣，構築成某種意象，推銷給了消費者。

按照「韋勒原則」宣傳和推銷商品的一個最著名的案例就是美國「萬寶路」香菸的電視廣告片。整部廣告片中既沒有出現、也沒有介紹同「萬寶路」香菸有關聯的任何東西。這或許同法律條文的相對禁止有關，但抽「萬寶路」香菸所得到的自由自在的享受和樂趣卻通過這種手法被加以強有力地渲染：廣告表現了奔騰的野馬和策馬馳騁的美國牛仔形象，極容易喚起人們的聯想，從而把進入「萬寶路」的世界同享受自由自在、豪放不羈的生活相等同。

「實用的智慧」重視效果，也就是強調思想與行為的「有用」，把思想與行為的「兌現價值」（cashValue）擺在首要的位置。詹姆士甚至認為，任何「真理」都是因其可證實性和有效性而成為「真理」的，「它是有用的，因為它是真的。」「它是真的，因為它有用。」❷這兩句話是完全等義的。思想

---

❷　詹姆士：《實用主義》，陳羽綸、孫瑞禾譯，第一〇四頁。

觀念的有用性不是在抽象的理論論證或空洞的邏輯推導中實現的，而是以其在操作性的過程中所產生的實際效果來衡量的；同樣，行為的過程只可能終止於實際效果獲得之時。因此，班傑明‧富蘭克林在以科學實證的態度研製避雷針和新式火爐的同時，猛烈抨擊了當時於世無補的拉丁文法教育，因為死去的語言只會妨礙活人的前行。

　　尤其重要的是，富蘭克林那部留傳後世的《自傳》的撰寫，最初並非是出於立道德牌坊的目的，而是完全作為給自己的兒子提供可能派得上用場的讀物而動筆的；一旦這一項目的達到了，《自傳》就一直沒有而且也再無必要寫完。他的另一本著名的《窮理查曆書》也閃耀著實用智慧的光芒。這部每年修訂的《曆書》之所以成為當時人們廣為傳頌的「道德箴言錄」，很大程度上得力於富蘭克林本人所製訂的實用教程：他希望每個美國人每個星期能嚴守《曆書》中的一則教誨，並在筆記本上逐日記下當天的實際行為中所獲成績大小的情況，以便在十三周內完成一個教程，一年內完成四個教程。

　　一部道德訓誡的經典一俟如此處理措置，便同實用的行動指南完美地結合在一起，從而使人們在具體的操作過程中切身感受到道德原則的現實轉化，其效果顯然要勝於空洞的文明說教方式。

怎麼都行的方法論

　　「實用的智慧」注重實際效果，同時也就必然要求人們注重促成實際效果的方法或手段。常言道：「工欲善其事，必先利其器。」這句話表達的便是對方法或手段的尊重。但這種條

件性的假設並不具有「反之亦然」的蘊涵；換言之，器利之後並不必然能夠保證獲得事善的效果，所謂「藏器待時」、「藏器誤時」，以致「英雄無用武之地」的可嘆局面，便是很好的明證。

對於實用的美國人而言，方法或手段蘊涵在目的與效果之中，從而為目的與效果服務。為了實現特定目的，產生特定效果，人們必須具備對多種不同的方法或手段加以充分認識的能力；在最終的目的與效果面前，不同的方法或手段從理論上講，都具有同等價值。

在太平洋戰爭中，美國的「特拉烏托」號潛水艇奉命運載當時急需的藥品前往菲律賓的科雷希多。為了使更多的藥品裝艙，士兵們把潛水艇上裝備的魚雷以及其他所有非應急的裝備悉數拆卸掉。

潛水艇的目的地科雷希多當時正處於占據巴丹島的日軍炮火攻擊區域內，卸完藥品後，為盡快撤離這一危險地區，急需重沙石壓艙以使潛水艇盡快入水；但為了避免遭到日軍的炮火襲擊，士兵們又不能公開上岸找沙袋。在這種形勢下，一個陸軍士官智路旁開，提出了這樣一個絕妙的方案：用貨幣代替沙袋壓艙。於是，以菲律賓政府為首，銀行、礦山、居民們拿出了大約相當於一千萬美元的金條作為壓艙之物裝上了潛水艇，使之順利下水並成功地逃離了日軍炮火封鎖區。

這位美國陸軍士官無意中實際上打破了兩個神話：潛水艇下水端賴重沙石或沙袋，這是常規思維方式所製造的神話，此其一；其二，貨幣、尤其金條具有不可侵犯地位的神話（只要想一想「新政」時期廢除金本位的舉措所遭到的激烈抨擊，就能知道這後一種神話對人們的箝制力量）。

在思想和行為的過程中，任何已然的神話或偏見都可能是

致命的障礙；而為了達到某種目的，促成某種效果，尤其需要人們排除這些障礙，並且運用不同的方法或手段進行試驗。在美國人那裡，效果是至上的，方法或手段的重要性根本而言，源自效果的至上性。

科學哲學家保羅・費耶阿本德對方法或手段的意義有著獨特的美國化見識。他深感科學沙文主義者設定普遍標準和唯一規範所導致的危害，因而極力反對一元主義的方法論，倡導多元主義的方法論，認為只要能夠促成科學進步的效果，「怎樣都行」（Anything goes）。費耶阿本德指出——

> 顯然，固定方法的觀念或者固定理性理論的觀念是建立在一種極其樸素的人及其社會環境的觀念之上的。那些注視歷史所提供的豐富材料之人，那些不願為了滿足低下的本能，為了滿足從明晰性、精確性、客觀性和真理中獲得理智安寧這種慾望而把史料弄得枯燥乏味的人將會明白，只有一條原理可以在所有情況和人類發展的所有階段上加以維護。這條原理就是：怎樣都行。❸

一元主義方法論者設定，實現特定目的存在著唯一的方法或手段，並且這種方法或手段是最好的。與此相比，「怎樣都行」的多元主義方法論則強調方法或手段的多樣性，強調不同的方法或手段具有同等的價值——只要這些方法或手段能夠促成同樣的實際效果。因此，注重實際效果同注重方法手段必然是相輔相成的。

然而，表面上令人難以置信的卻是：對多種方法或手段的

---

❸ 〔美〕保羅・費耶阿本德：《反對方法》，英文版第廿七～廿八頁。

注重恰恰同時導致了方法或手段之重要性的削弱。實現某種目的之所以要注重多種方法或手段，正是由於各種方法或手段本身都是有其局限性的。打個不太恰當的比方：目的或效果好比彼岸，方法或手段則是通達彼岸的橋樑，獨木橋是一元論方法論者認定的通達之路。一旦橋樑多了，每座橋樑對於通達彼岸而言都是好的；或者說，每座橋樑都有其局限性。

為了達到目的，需要具備建造多種橋樑的能力；反過來看，一旦效果產生，則同樣需要具備「過河拆橋」的本領。

在南北戰爭時期，林肯的陸軍部長斯坦頓抱怨一個少將滿嘴罵人的髒話，林肯便建議斯坦頓採取以牙還牙的姿態，寫封尖刻的信將那位少將痛罵一頓。於是，斯坦頓立刻寫了封措詞強烈的信，然後交給總統看。「對！」林肯大大地讚許道，「就要這樣，好好地 K 他一頓！寫得在到味了、太棒了，斯坦頓。」然而，當斯坦頓把信塞進信封時，總統卻擋住了他：「這封信你打算怎麼處理？」斯坦頓頗感意外，答道：「寄出去呀！」總統立刻大聲叫道：「扯淡！這封信不能發，把它扔進爐子。凡是生氣時寫的信，我都是這麼處理的。這封信寫得好，在寫信時你已經解了氣，現在感覺好多了。這樣吧，燒掉它，重新寫一封。」

初看起來，林肯總統的做法似乎只是要斯坦頓部長去爽一下、阿 Q 一回，紙上談兵，總不免有自欺欺人的嫌疑。但細究下去，這種做法並不見得就是一種無用的熱情，更不是一種無效的勞作。心病需以心療；林肯把反斥他人的目的定位於自己的解氣而不是他人的受害，表明方法或手段對於某種效果而言是有五十步和一百步之差的；既然「紙上談兵」已經實現了釋放潛意識中怨氣的效果，那麼過河拆橋也就勢在必行。可見，效果是至上的，方法或手段由於這種至上性而獲得了自身的重要性；而一旦效果實現，方法或手段則微不足道。

通達目的的策略

「欲速則不達」是一條充滿辯證意味的公理，表達了方法或手段同目的或效果之間的微妙關係。從效果至上的原則來看，「速」與「不速」只是心理活動的參數，唯有「達」才是重要的。因此，效果至上就不僅蘊涵著對不同方法或手段的判別選擇，而且蘊涵著對同一種方法或手段的不同運用。為了達到最終目的，有時不妨放慢推進的進程，以時間來換取問題的最終解決，是效果至上論者考慮問題的一個經常性角度。

眾所周知，美國總統與國會之間往往保持著非常尷尬的關係，尤其是在當選的總統正式就任後，心急火燎地提出一攬子法案，以期在任期的最初一百天取得轟動效應時，國會往往對這些法案加以抵制和否決。因此，當國會在慢條斯理地掂量著總統的斤兩時，總統千萬不能對國會茫然無知。

富蘭克林・羅斯福受命危難之際，雖然順利地展開了「新政」舉措，但他所提出的改組最高法院的提案卻未能得到國會的通過，從而多多少少損害了羅斯福本人的形象與威信。

相比之下，林登・詹森則從前車之鑑中大有所獲；按照他自己的說法，他對國會的脾性作了幾十年的有意識把握。一九六四年，詹森在競選中以壓倒的優勢戰勝了共和黨候選人高華德。當選總統之後，詹森並沒有直奔「百日創舉」，而是選擇了在國會議員已經具備了充分的思想準備時才把各個法案送到國會去的明智做法。詹森解釋道：「那就像一瓶威士忌酒。如果你一次只喝一杯，那就很舒服。但是，倘若你在一個晚上把整瓶一飲而盡，那你就麻煩了。我計劃每次斟一口，以便好好享受一番。」

詹森的這種「緩兵」享受策略確實是相當高明！一九六五

年十月二十三日，當美國第八十九屆國會第一次會議休會時，國會已經批准通過了總統所提出的八十九件重要法案，而被否決的只有兩件！

「欲速則不達」的辯證哲理實際上提出了目的的現實化原則。按照精神分析理論創始人佛洛伊德的說法，人的自我同本我是相互分離的，人的各種目的根源於本我的無意識衝動之中，因為只有本我的無意識衝動方可稱得上是一種真正的無意識衝動。

然而，佛洛伊德把本我的無意識衝動或元意識衝動同現實生活條件的關聯加以徹底割裂，使之很大程度上成為一種特立獨行的存在狀態，成為一種幻想性的衝動。它完全撇開現實條件、常識和邏輯，直至撇開個人的現實利益。

因此，當種種無意識衝動在高度組織化和社會化的現實生活條件中屢屢受挫時，與其說是現實生活條件限制和壓抑了這些無意識衝動，不如說是這些衝動本身在現實生活條件中缺乏實現的可能性。

佛洛伊德把做夢看作是本我的無意識衝動所採取的現實化行為；相反，包括杜威和馬斯洛在內，占據主流地位的美國思想家則提出另一種人的目的的現實化原則，即積極主動地使自己的動機或目標同現實生活條件相吻合，因而，現實性或可能性也就成為動機與目標的有機構成部分。這後一種現實化原則表達了人類控制自身的積極樂觀態度，並且把人的無意識衝動和幻想性目標看作是人格病態或退化的症狀；也就是說，夢境不可能是健康人格最本質精髓的呈現。

在《動機與人格》一書中，馬斯洛便曾對此現實化原則作了舉例說明：在日常生活中，一般美國人總是希望有汽車、冰箱、電視機，因為獲得這些東西的確可能；但他們很少奢望獲

得飛機或快艇，因為這些東西實際上距離一般的美國人較遠──尤其重要的是，由於距離較遠，以至於他們的無意識中都可能不存在獲得它們的奢望了。

「實用的智慧」首要地要求人們在關注實際效果的同時，把動機和目標同現實生活條件加以密切地聯繫。這是因為，目標一旦過高，超過人的自身能力，即使竭盡全力也難以使之實現；而目標一旦過低，則又不可能充分發揮人的內在潛力。

美國著名心理學家阿特金森曾經做過一次具有象徵意義的投環測驗，即從人們投環時同投擲目標的距離遠近中測度人的動機類型。測驗結果表明，成就動機較高的人，往往同時能夠充分考慮現實生活條件中的有利因素和困難障礙，從而有的放矢地採取相應措施，追求成功，這些人往往選擇在中度距離投擲圓環。而成就動機較低的人，或者是希望自己有十分精確的把握，從而選擇同投擲目標較近的位置投環；或者是試圖拚一下，從而選擇距離投擲目標較遠的位置投環。後兩種人的目標動機或抱負水平不是偏低就是偏高，都很難同現實生活條件正相契合。

同現實生活條件的關聯使得目標並不完全等同於方同。比如在現實生活中，一心只想發大財的人就只有方向而沒有目標，因為賺錢只是方向，不是目標；只有當他掙完了世界上所有的錢後，他才可能停止賺錢。同樣，在戰爭中，屍體的數目也只是戰爭的方向而不是戰爭的目標，因為只有在認定的敵人全都變成死屍後，戰爭才可能結束。因此，任何真正的目標都是同現實生活條件緊密相聯的，唯有依據現實化原則制定的目標才有實現的可能。

生存智慧的邏輯

現實生活條件作為人的存在情境，時時都在指導和規約著人們的思想與行為。因此，對人的存在情境把握得越是透徹準確，人們應付生活的本領也就越強。

一九二二年，明尼蘇達州聖保羅的年輕人德威特·華萊士夫婦共同創辦了日後使其飲譽全球的袖珍雜誌《讀者文摘》，目的是在日常生活中向讀者通報信息，給讀者以娛樂、鼓勵和指導。其創刊號上的第一篇文章雖然篇幅僅一頁半，但其標題製作得卻是扣人心弦：「如何在精神上保持年輕？」

這種設置問題的方式，實際上代表了「實用的智慧」燭照下的美國人典型的思考方式。以「怎麼辦」的提問方式設置問題，實即設置了一種生活情境，從而使人們首先在思想觀念中實現了對現實生活條件的把握。

在實用主義代表人物約翰·杜威那裡，設置問題或情境的思路得到最清晰的勾勒。

杜威設置了如下情境，具體說明實用智慧的運思全過程——

　　譬如你在一個沒有固定道路的地方散步。如一切順利，你就用不著思想；你的已有的習慣夠應用的了。你忽然發現一條水溝擋住去路。你想要跳過去（**假設、計畫**）；但為摸清情況，你仔細看一看（**觀察**），發現水溝相當寬，而對岸又是泥濘的（**事實、材料**）。於是你想，有沒有較窄的地方呢（**觀念**）？你沿著水溝來回一看（**觀察**），了解情況（以**觀察檢驗觀念**）。你沒有找到任何好地方，只得另作新計畫。正在徘徊的時候，你發現一根木

頭（又是**事實**）。你想可不可以把它拖到水溝邊，架在溝上，用作橋樑（又是**觀念**）。你判斷這個觀念值得一試。你取來木頭，架在溝上，走過水溝（以外表的**行動**檢驗和證實）。❹

顯而易見，現實生活情境就是一個問題不斷出現而又不斷得以解決的過程，「實用的智慧」也就是在現實生活情境中解決具體問題的智慧。

「怎麼辦」的運思方式對於美國社會生活的影響是巨大的，這只要從美國暢銷書目上隨便看上一眼，便能夠發現。美國的暢銷書商每年都在連續不斷地推出一系列用作日常生活行為指南的「怎麼辦」書籍，作者們在書中設定了無奇不有的虛構問題和虛假情境，販賣著他們所設想的種種希望，從而強化了一般美國人對書本，尤其是對抽象思辨色彩濃厚的書本不感興趣的普遍心理。

我們不妨將這些書籍分門別類地列舉如下——
在怎樣待人處世方面，戴爾・卡內基的力作《影響力的本質》一書曾經使成千上萬的美國人著了自我完善之魔。
在怎樣撫育和護理孩子方面，班傑明・斯波克的《嬰兒護理常識》一書則撫育了整整一代美國人；美國生育高峰期間出生的一代人就是由他們的父母嚴格遵照這本書所提出的行動綱領撫養長大的；這一代人在沒有經常受到訓斥的情況下成長發育，從而培養起與父輩們平起平坐的獨立觀念。

---

❹ 〔美〕杜威：《思維與教育》，載《杜威教育論著選》，第三〇〇──三〇一頁。

在怎樣教育和訓導青少年方面，威廉‧門寧格撰寫的《怎樣做一個成功的青少年》一書專門列出「怎樣同父母一起生活」一章，詳細敘述了對付企圖發號施令的父母的種種策略或技巧；比如：「維持家庭和睦和保證合作的最好辦法之一，就是定期舉行家庭會議，討論重大事情。」

在企業管理方面，托馬斯‧彼得和羅伯特‧沃特曼合著的《尋求優勢》一書，由於它是對美國最成功之企業的經驗概括，因而表現出把那些具體的經驗普遍泛化到各個企業中去的強烈願望。

在怎樣製作食物方面，范尼‧法姆爾的《波士頓食譜》則引起美國人的一場廣泛而深刻的生活革命。

…………

美國人關心身體健康、精力充沛、富於性感、工作有實績、受人尊敬、得到升遷、發財致富，可以說，美國人關心什麼，「怎麼辦」的作者們便會及時提供對症下藥的諸種良方。

顯然，「怎麼辦」的運思方式，其基本程序就是：首先遭遇並進而確定有待探討和解決的特定問題，然後排列出圍繞這一問題的解決所展示的各種現實性和可能性條件，以便最終證得解決問題的具體手段或方法。

這種「怎麼辦」的探究思路曾經被哲學家約翰‧杜威明確地概括為「思想五步法」。

杜威認為，整個思想行為過程具有兩個端點和五個形態。兩個端點即作為迷惑、困難和紛亂的境遇而出現的開端，以及作為一個澄清、統一和解決的境遇而出現的結尾。在這兩個端點之間，思維過程存在著以下五個形態——

1. 暗示。在這裡，思維躍進於一種可能的解決。
2. 感覺的（直接經驗的）困難或迷惑的理智化成為一個待解決的問題，一個必須找到答案的疑問。
3. 用一個又一個暗示作為領導觀念或假設，以發起和引導觀察和其他心智活動，搜集事實材料。
4. 推演觀念或假設的極義（推理，指推論的部分，不是推論的全部）。
5. 在外表或想像的行動中檢驗假設。❺

　　因此，「思想五步法」也就是確立問題並解決問題的科學探究方法。

　　事實上，人的智慧很大程度上是在運用特定的方法或手段去解決特定問題的具體進程中得以體現的，不存在具有普遍意義的方法或手段；就如同必須在水中才能學會游泳一樣，任何方法或手段都只有在解決具體問題的過程中才能獲得意義。

　　「怎麼辦」的作者們通過設置虛構的情境，使人們在這些情境中訓練出特定的技能，從而相應地增強了應付實際生活的生存能力。從這種意義上講，「實用的智慧」就是一種生存的智慧。

設置情境的技巧

　　「實用的智慧」要求人們具備設置情境的諸種本領，以便使自己的生存能力在所設置的情境中演習一遍。美國人在日常

---

❺　杜威：《思維與教育》，載《杜威教育論著選》，第三〇二頁。

生活中喜歡開玩笑；而從外在形態上觀之，開玩笑的行為過程本身就是一個設置情境的過程。

一九四二年十月，美軍特遣艦隊在聖克魯斯海戰中遭到沉重的打擊，連特遣艦隊的旗艦都受到重創。艦隊的美軍士兵由於害怕日軍的潛艇和飛機再度突然出現，進行襲擊，因而個個驚恐萬狀，戰鬥情緒十分低落。就在此時，艦隊指揮官突然發布通報：艦隊右舷發現日軍潛艇，全體官兵務必立即作好迎擊敵軍的各種準備。正當全體官兵恐懼地等待著遭受日軍的再度襲擊時，艦上的廣播又突然宣布剛才的敵情報告是一場誤會，因為在艦隊右舷所發現的不是日軍的潛艇，而是一隻海豚。聽到這個消息，全體官兵立即哄堂大笑，原先那種風聲鶴唳、草木皆兵的緊張情緒也一掃而光。

原來，這是特遣艦隊指揮官為了消除士兵的恐懼心理而特意製造的一個精緻玩笑。這個玩笑緊扣住士兵驚魂未定的恐慌心理，並且順著這種恐慌心理，無中生有地虛設了一個具有極大可信性的情境，從而使士兵們輕易就中了圈套。士兵們之所以相信這種虛設情境為真，關鍵就在於這種情境乃是士兵自身的共同心理所造設；一旦虛設的情境撤去帷幕，造就這種情境的心理真相也就大白天下，士兵們也便在巨大的反差面前冰釋前疑。

在設定虛假的情境方面，美軍特遣艦隊的指揮官同百老匯水星劇團的導演奧森・韋爾斯相比，則是小巫見大巫。一九三八年十月底，韋爾斯把英國科幻小說家 H・G・威爾斯的《宇宙戰爭》改編成戲劇，準備在哥倫比亞廣播公司演播。這齣虛擬火星人進攻地球的廣播劇能否吸引聽眾，最初曾遭到懷疑。

為了增強廣播劇的逼真效果，韋爾斯及其水星劇團想出了各種渲染氣氛的辦法；比如在劇中加進了羅斯福莊嚴語調的摹

凝口音，並且動用了普拉斯基高架公路、南街、二十三號公路等等真實地名來強化紐約和新澤西州聽眾的真實感。在廣播劇開始之前，還播放了各種樂曲、天氣預報和新聞報導，有意地製造出一種貼近日常生活的平和氣氛。

然而，當劇情一步步發展到火星人出現時，整個接受效果也隨之發生了重要的轉變。廣播員以極其逼真的表演技巧報導著——

> 老天爺！那黑影裡伸出了一條東西。它扭呀扭呀，像是灰色的蛇。又來一條！又來一條啦……像一隻黑熊那麼大，渾身閃閃，像一張濕牛皮。可是那張臉啊……我簡直不敢看下去。一雙黑洞洞、亮晶晶的眼睛，好比毒蛇那樣。嘴是 V 字形的，嘴唇沒有邊緣，像在顫抖，唾沫就從那兒滴下來。

廣播劇中還說：怪事的發生地點是在新澤西州格羅弗斯米爾鎮威爾馬斯農場。新澤西州的警察趕去檢查，結果被火星人全殲。新澤西州和賓夕法尼亞州東部宣布戒嚴；總統宣布全國處於緊急狀態；內政部長呼籲人們仰求上帝拯救。接著，紐約、聖路易斯安那、布法羅市、芝加哥市紛紛發現火星人，進行抵抗的美國部隊全都遭到滅頂之災……

演播者的高超表演技巧所取得的效果是出人意料的。各個廣播電台反覆向聽眾解釋哥倫比亞廣播公司播放的是韋爾斯主持的水星劇團排演的一齣戲，各州州長也再三強調沒有宣布戒嚴，安慰市民不要驚慌。但這一切均無補於事。在所有聽眾中，有一七〇萬人相信韋爾斯的廣播劇是新聞廣播，約有一二〇萬人驚恐萬狀，準備逃離。在最早「發現」火星人的新澤西

州，到處是驚慌失措、失魂落魄的慌亂場面，各個交通要口都擠滿了準備逃難的人們，以致出現了多起交通命案，甚至有人因此而自殺身亡。

僅僅從製造情境的效果來看，韋爾斯的劇團無疑是大獲成功的，以致日後韋爾斯作為社會名流，應邀前往白宮赴宴時，羅斯福總統戲謔地對他說：「你知道，奧森，美國最好的演員就是你我兩人！」

這場大恐慌的鬧劇並不能全然歸咎於受眾的教育程度低下，因為根據普林斯頓大學的事後調查來看，當時受眾中的大學畢業生有百分之二十八、高薪階層有百分之三十五都對廣播劇信以為真。因此，這場鬧劇很大程度上是由受眾當時普遍存有的擔心歐洲大戰爆發的恐懼心理所引發的，韋爾斯的廣播劇只不過最為精確地把捉和測度到這種潛在的恐懼心理。

從實際效果來看，這場大恐慌的鬧劇對美國人而言未必一無是處。經歷了如此巨大的恐慌，至少可以使人們增強面臨真實劇變時的承受心理和應付能力。這也是設置情境的基本功用所在。

在現實生活中，軍人的演習和訓練也許最具有設置情境的示範意義。每一次演習都是設定假想的敵人和假想的戰鬥歷程，同時要求士兵全心實意地投入這種虛設的情境中。一旦真實的生活同虛設的情境之間有了距離，演習便會打折扣；距離越大，折扣也就越大。

美國軍人的訓練還有一項特殊的內容，名曰「戰俘生活體驗」。這種訓練虛設了落入敵方之手成為戰俘的情境，故而以戰俘所可能遭受的各種折磨為訓練內容，其中包括被逮捕、受審、受刑、坐牢等多個項目。這種訓練是在專門設立的「戰俘生活體驗」集中營裡嚴格進行的。軍人們通過這種訓練，往往

能夠培養起堅強的意志和高度的忍受能力，從而在有朝一日真的成為戰俘的情形下能夠處變不驚，進而把在虛設的情境中所獲得的應變能力如法炮製一番。

因此，在虛設的情境中，一種人為製造的經驗過程往往有效地轉變成人們的體驗過程和後天所獲得的生命運動機能，從而大大豐富了人們的生存智慧。

誠然，並非所有類型的設置情境都具有重要的價值。在設置情境的愛好之外，美國人還具有強烈的尋求刺激的習慣。同樣是「戰俘生活體驗」，在軍隊中是一項重要的訓練內容，而在喜歡冒險的人眼裡則是一項極富刺激性的運動。

在加利福尼亞州就有一個名為「模擬戰俘營」的奇特旅遊景點，共占地六千五百英畝。凡是希望親身體驗戰俘生活的人，只要交付四二五美元，就可以到戰俘營裡「享受」五天的戰俘生活待遇。「模擬戰俘營」的整個環境同戰爭時期某些國家的真正戰俘營基本相似，那裡有荷槍實彈的警衛，有震耳欲聾的軍樂聲，「模擬戰俘營」的看守人員可以任意打罵前來體驗的虛假戰俘，這些虛假戰俘甚至還可能受到催淚瓦斯、警棍、電擊、冰水浸泡、嚴刑拷打等等真實的折磨。

從旅遊者尋求刺激的角度來看，設置的情境過分逼近於真實的生活，並不一定能夠收到原初設想的功效，到「模擬戰俘營」中尋求刺激的旅遊者在經歷如此真實的「戰俘」生活之後，就鮮有回頭者。相反，倘若能維持設置的情境同真實的生活之間的適當距離，效果可能會更好。如此看來，在設置虛假情境的過程中，設置的情境同真實的生活之間的距離乃是有待認真考慮的一個重要因素。

就玩笑而言，也並非所有玩笑都值得認真待之。一般而論，特定的玩笑對特定的人只能開一次，因為再度玩笑，玩笑

本身往往會失去功效，大概是由於被玩笑者在第一次玩笑的情境中獲得了應付玩笑的本領；這也是設置情境的局限性所在。而有些玩笑在特定的場合是永遠不能開的，愛開玩笑的美國人便也因此常常犯忌。

一九八四年八月十一日，演員出身的隆納・雷根總統向全國發表廣播講話。在講話之前測試話筒時，雷根竟然玩興大發，開了一個令世人震撼驚駭的玩笑：「我正式宣告，五分鐘以後開始進攻蘇聯。」

雷根的玩笑通過電波，頃刻間傳遍全球，受到全球各界人士的非議。與此同時，這一玩笑也很快遭到蘇聯人的報復。就在雷根開玩笑後第四天，蘇聯太平洋艦隊基地的一份密碼電報也向蘇聯特種部隊司令部發出一道命令：「迅速與美國軍隊進入戰鬥狀態。」美軍監聽到這一電報之後，美、日兩國的政府首腦和軍隊首腦大為震驚，立即命令美國軍隊和日本自衛隊迅速進入一級戰備狀態。三十分鐘之後，美軍又監聽到發自太平洋艦隊基地的另一份電報：「取消前電命令。」整個事態才算平息下來。

尚未建立完全。蘇聯人以具有同等傷害性的玩笑予以立即報復，還不是雷根所開玩笑的真正危害性所在；倘若雷根某一天發布真正的戰爭令卻竟然無效，那才是這起玩笑的真正報應。由此觀之，設置虛假的情境不可能完全超越於現實情境的諸種條件之上。

作為反智的實用智慧

前文曾經提到，杜威通過設置一種無路可走的生存情境來說明「實用的智慧」所引導的思想行為過程；無獨有偶，美國實用主義的另一位著名的代表人物威廉・詹姆士也曾設置過相似的生存情境來說明「實用的智慧」的本質內涵。在《實用主義》一書中，詹姆士舉例指出：假如我在森林裡由於迷途而挨餓受餓，這時忽然發現了一條有牛蹄腳印的小路。因此最重要的是我應當想到這條小路的盡頭一定會有住家，我可以在那裡得到指導和幫助，我就會由此而得救。這時，我的想法就反映為我的行動計畫。如果它實現了，就表明它是真的。因此，詹姆士得出結論說：「它是有用的，因為它是真的。」「它是真的，因為它有用。」❻這兩句話的意義是完全一樣的。

通過設置如此的情境來說明「實用的智慧」的內涵，使得實用主義極易受到來自多方面的責難。其中最為直接、最為強烈的責難就是：實用主義者把人的思維和智慧的運作方式，等同於生命有機體與其環境之間相互作用的一種關係，從而把人的思維活動和智慧運作降格到生物學的刺激反應層面以及心理學的行為主義層面。

美國學者康馬杰說：「美國人打獵或釣魚，主要是為了佐餐，還沒有發展到那麼高深的階段，把爬山當作一種消遣，或者用魚餌釣魚就是恥辱。」❼這種持論更是具有極大的可指責處；康馬杰在此似乎是把動物的生命本能看作是人的動機和目的了。

---

❻ 詹姆士：《實用主義》，陳羽綸、孫瑞禾譯。第一〇四頁。

❼ 〔美〕H・S・康馬杰：《美國精神》，南木等譯，第廿四頁。

於是，歐洲理性主義傳統所薰陶和教化的人們便共同一致地把實用態度下的美國人看作是「沒有心腸的物質主義者」。

　　沒有心腸也就實同於動物，因而完全喪失了同「智慧」相攀聯的任何可能性。在歐洲傳統的理性主義者看來，「智慧」是超越感性經驗的理性之光，它遠離感性經驗事實而又普照感性經驗事實。因此，實用主義的運思方式和行為方式就帶有強烈的「反智」傾向，不能算作是一種真正意義上的人類智慧。

　　實用主義作為一種「反智的智慧」，恐怕連美國人自己都不想否認。這種「反智的智慧」的原型，從最早一批清教徒移民抵達美洲大陸時就已經開始鑄造，這是因為，當這批清教徒移民一踏上環境險惡的美洲大陸時，便立刻發現任何書本知識都難以把他們從饑餓、嚴寒和疾病的痛苦中拯救出來。為了求得生存，他們必須創造性地把解決實際問題的能力同勤勉工作的精神完美地結合在一起。在這些清教徒移民看來，任何書本知識都是空洞的說教，這些說教如若不能同現實情境相結合，就只能流於僵化的體系和無用的熱情。

　　富蘭克林就曾經對這種無用的熱情大加嘲弄：「……如此博學，能用九種語言稱呼一匹馬；如此無知，竟買一頭奶牛來騎。」隨後，一七九〇年的《哥倫比亞雜誌》也告誡當時的美國大學畢業生：「你並不會住在太陽上，也不會住在月亮上，也不會驅馳在彗星尾巴上。」因此，「某個時代，有少數幾個天文學家就夠了。」

　　到了本世紀，同實際生活相去較遠的理論知識愈加受到普遍的嘲笑，查爾斯·威爾遜在擔任美國國防部長期間，就曾公開嘲笑基礎研究不過是要探究「綠草為什麼會綠，炸馬鈴薯為什麼會黃。」

　　包括《哥倫比亞雜誌》的勸告在內，「反智」行為所隱含

的意思就是：「人生活在地球上，就應當以現實生活為原則進行運思或從事某種行為，任何遠離現實生活的思想和行為都是同人的生存目的相悖逆的。」

因此，「實用的智慧」作為一種「反智的智慧」，其所昭示的就是一種生存的智慧、行動的智慧；這種智慧不再是一種抽象的理智狀態，而是人的某種生命機能，它把人引渡到他所希望抵達的目的地，而這種目的地也不再是一種不可企及的終極目標。

這樣，當我們把「實用」與「智慧」相關聯時，我們所說的「實用的智慧」實際上關涉到人的生存境況和道德倫理。「道德」之「道」，原型就是行走之道；正因此，我們也就不難理解詹姆士和杜威為什麼要不約而同地設定無路可走的道路障礙情境來說明「實用的智慧」的本質內涵——「實用的智慧」乃是引導人們走正道、修正果的指南。

杜威說——

　　所需要的是去找出行動的正路和正善。所以考究是鈴需的：情況詳細構成的觀察，各種因素的分析，幽暗部分的澄清，折衷頑強而昭著的特質，追蹤各種行動方式所暗示的結果，認為所需之決定在所預期或所推想的結果（即此決定之所以被採用的原因）與實際結果相合以前是假設和嘗試的。這個考究就是智慧。[8]

又說——

---

[8] 杜威：《哲學的改造》，第八六頁。

目的已不復為將要達到終點或界限。它是改變現情勢的活動歷程。生活的目標並不在於已被定為最後決勝點的「完全」？而在於成全、培養、進修的永遠之歷程⋯⋯只有生長自身才是道德的目的。❾

因此，「實用的智慧」就是追求道德正善的正路，這種智慧一直引導著美國人走在不斷創造新成就的大道之上。

作為一種「反智的智慧」，「實用的智慧」往往引導美國人以最淺顯明了、最直接便捷的方式來說明和闡釋或玄奧、或重大的問題。一九四〇年，法西斯德國在歐洲大陸不斷攫取領土，英軍在各條戰線節節敗退。面對軍用物資奇缺的困境，邱吉爾寫信向羅斯福求救。

羅斯福經過深思熟慮，想出了一套既能解救邱吉爾的英國、又能使希特勒德國招架不住的計畫，即後來聞名於世的租借法案。是年十二月十七月，羅斯福在白宮舉行記者招待會，一開始便說：「我覺得沒有什麼特別的新聞，也許這一點算是一條特別新聞吧！」緊接著，羅斯福便用了四十五分鐘來詳細透徹地解釋他所說的「租借」的涵義。

羅斯福說——

設想我的鄰居失火，而我家裡有一條澆花用的水管，要是讓鄰居拿去接上水龍頭，我就可能幫他把火滅掉。我該怎麼辦呢？我不會在救火之前就對他說：「老兄？這條管子我花了十五元，你得照價付錢。」那麼我怎麼辦呢？我不要十五塊錢，我要他在滅火之後還我水管，就是這

---

❾ 同上，第八八頁。

樣。要是火滅了，水管還是好好的，沒有損壞，那麼他就會送還原物，連聲道謝。要是壞了，那就用實物償還就是了。❿

　　羅斯福以淺易的比喻來論說「租借」的道理，很容易為國會和美國人所接受。由於這種高超的技巧，眾議院一七七六號法案《進一步促進美國國防及其他目標的法案》授予羅斯福總統以無限的權力，規定：只要總統認為某國防務對美國的國防至關重要，就可以給這個國家以援助。「租借法案」對於歐洲戰場形勢的轉變發揮了舉足輕重的作用。

　　如此重要的法案卻是借助於淺顯明白的比喻來加以說明，無疑同美國人「反智的智慧」密切相關。

　　「實用的智慧」是一種生存的智慧，而人的生存或生活作為一種經驗事實，其本身是清楚明白的，無需思辨色彩濃厚的理論來加以粉飾。因此，美國人認為日常生活中的街談巷議比任何高深的抽象理論更能夠呈現出真理。這也正是美國人喜好口頭文學、喜好俚語行話、喜好漫畫卡通的原因所在。

---

❿　〔美〕威廉・曼徹斯特：《光榮與夢想 ── 一九三二─一九七二美國實錄》，第一冊第三二八頁。

Chapter 2
多維視野中的生存智慧

　　人們從姿態各異的多維視野對經驗事實進行著考察，這些多稜鏡似的考察途徑一方面是由人們各自的生存情境所決定，另一方面也是同經驗事實本身呈現著千姿百態的多種面貌有關。以語言的相對性為例，當人們面對一只盛有半瓶水的玻璃瓶時，悲觀的人往往可能只看到其消極的一面，即瓶子尚有一半未滿，因而很可能以 half-empty（半空之謂）來指稱這只玻璃瓶。與此相反，樂觀的人則很容易看到其積極的方面，即瓶子已經裝了一半，因而很可能會使用 half-full（半滿之謂）來指稱這只玻璃瓶。

　　同樣的一隻玻璃瓶，落入兩種截然不同的期待視野，結果就產生了針鋒相對的人生態度的兩種象徵；這其中固然有語言這一妖怪在發揮魔力，但考察經驗事實，存在著多維視野，卻是一項無可辯駁的事實。

總統的台階

關於考察經驗事實的不同視野，美國系統科學哲學家拉茲洛曾經有過下述妙論——

> 悲觀主義是早熟，樂觀主義是幼稚。伏爾泰說得對：樂觀主義相信我們生活在可能有的最好的世界上，悲觀主義則擔心是否真是這樣。這兩種人都對世界無所作為——前者是因為沒有什麼需要做了，後者是因為沒有什麼能夠做了。進化的現實主義者知道，他能夠塑造他生活的這個世界——所以他採取行動。

接著又說——

> 我們自己也不是宇宙舞台上按天機未洩的腳本在演戲的一群木偶。我們是有意志和目的的演員，並且有權改動腳本——至少在我們表演的那部分以內。我們是聰明地改動了，還是愚蠢地改動了，這就要看我們有多聰明……或是多愚蠢。❶

拉茲洛在此所說的「聰明」，實質上就是超越於悲觀和樂觀之上的一種總體洞察。任何囿於悲觀或樂觀之一隅的識見都是愚蠢的，都不能展現經驗事實的豐富性。

誠然，從更為廣泛的領域來看，考察經驗事實的多維視野

---

❶ 〔美〕E・拉茲洛，《進化 —— 廣義綜合理論》，閔家胤譯，第一五三頁。

還不僅僅止於悲觀和樂觀的兩分法。在某種程度上可以認為，人們有多少種心理，情感狀態，經驗事實也就相應地呈現出多少種面貌。這種認識往往要求人們以最大限度的靈活性和寬容心去感觸生動豐富的經驗事實，從而使自己的生活獲得最大的意義。

多維視野的最大障礙在於積重難返的常規思維方式和心理定勢。這種思維定勢往往使人們把某種原因看作是特定結果的原因，或者把某種結果看作是特定原因的結果；人們之所以相信「天下雨則地上濕」是一條亙古不變的鐵律，是因為他們採取或選擇這樣的視角不顯得突兀，因而能產生舒服和諧的感覺。殊不知，這種求得安逸的惰性思維在很大程度上妨礙著人們對經驗事實奇特面貌的辨識。

而奇特之所以為奇特，正在於它是突破了常規思維定勢之後所取得的效果。哈里‧杜魯門總統便對多維視野的好處多有所悟。當杜魯門仍然在位時，就有許多美國人互相傳說他的父親是一個一事無成的失敗者。對此，杜魯門予以機智地駁斥：「我的父親並不是失敗者，因為他畢竟是一位美國總統的父親啊！」

子貴父榮，抑或父貴子榮，並不是強調個人主義至上的美國社會所讚許的價值觀念，杜魯門在此顯然不是在以唱反調的姿態宣揚子貴父榮的觀念；相反，他以一種能為人們所理解和接受的方式未處理這件事；既為他的父視開脫，同時又表現了自己靈活善變的能力。

借助於多維視野來轉換探討的論題或轉移鬥爭的矛頭，是一種遭遇特殊問題時所經常採用的技巧。

早在上個世紀，傑克遜總統就已經將此技巧演繹得淋漓盡致。一八二九年十二月七日，美國國會開會，傑克遜向國會呈

交了他就任之後的第一份年度國情咨文。這份咨文在當時受到社會各界的廣泛重視。第二天，傑克遜遇見老友羅伯特・阿姆斯特朗，便以希望得到讚許的期待心理向阿姆斯特朗打聽人們對國情咨文的評價和反應。阿姆斯特朗如實答道：「他們說國情咨文確實是一流水平，但是沒有人相信它是由你撰寫的。」傑克遜沒有能滿足原有的期待心理，自然是不免失望，但他還是很快地把話鋒一轉，溫和地說道：「我能物色到這樣一位起草人，難道不同樣值得讚許嗎？」

其實，單憑這種靈活機敏的回答，傑克遜就是值得稱讚的。談鋒的轉變是思維方式轉變的一個顯明的外在標誌，傑克遜和杜魯門兩位總統通過轉換論題，為自己在不利的語言情境中尋找到退身下台的階梯，自然是多維視野的一大功勞。

由於人們從各自的利益出發來考察經驗事實和觀察問題，因而總是很難從囊括各種利益集團立場的總體視野來看問題。但是，把盡可能多的視角納入自己的考察範圍則是現實的；這樣做不僅能夠更好地解決問題，而且有助於突破和創新。在大多數情形下，只有當某個人對他人的立場和觀點有所把握時，問題才有可能得以解決。許多問題的解決正是通過影響他人並設身處地地考慮他人的視角才得以實現的。

比如，建築設計師的房屋設計方案就不僅要從自身的視角出發加以考慮，同時還必須考慮到主顧、建築工人、材料供應商、建築評論家、同行，甚至其他許多人的潛在視角。只有盡可能多地兼容並蓄各種視角，才有可能取得最佳的創造效果。

與上述兩位總統相比，林頓・詹森則是把變換視角的靈活本領熔鑄到自己的工作風格之中。詹森一向性情急躁，早在當選總統之前就已養成了心急火燎的工作作風；尤其重要的是，他還如此這般地要求他的手下。

本世紀三十年代，詹森在擔任美國全國青年事務委員會德克薩斯分會主任期間，強迫自己班子裡的人在晚上和周末也要加班加點地工作。有一天晚上，當他正在來回匆匆地檢查手下人的工作時，突然發現一位職員坐在高高的一大綑來信前不知所措。詹森便問這位職員究竟出了什麼事。那人愁眉苦臉地報告說，他正在從最上面開始，一封接一封地給來信者仔細寫覆函，可是寫到後來，竟然發現下面又出現了來自同一個人的信，抱怨他們的前幾封信至今尚未得到答覆。聽完這位職員的訴苦，詹森怒火中燒，他氣急敗壞地抱起那一大綑來信，把它們徹底翻了個個兒，然後向那位職員大聲吼道：「現在從最上面開始回覆，這樣你就能夠讀到他們的最新來信，從而可以減去你一半的工作量。」

　　此案中詹森的做法看似簡單，實質上恰好造成了兩種思維方式的巨大反差。「事倍功半」和「事半功倍」，是日常生活中時時發生著的兩種情形；從出發地到目的地，存在著許多條通達約途徑，而兩點之間唯直線最近最短。倘若不突破長久形成的思維定勢，事半功倍的效果顯然難以實現。

律師的找碴

　　從多維視角考察問題的本領，導致美國人經常性地人為製造某種因果關係。好多官司某種程度上便與此相關。

　　如所周知，動不動就打官司是美國社會中的一個顯著現象，「找律師去」幾乎成為一般美國人解決諸多問題的一句口頭禪。這種現象造成律師職業成為美國人所普遍尊敬和羨慕的「黃金職業」，以至於法國思想家德·托克維爾認為，律師和

法官是美國社會的真正貴族，甚至美利堅合眾國本身就由律師所掌管和操縱著。

在美國國會參、眾兩院之中，有相當一部分議員就曾獲得律師執照或者接受過法律方面的專門訓練；曾經出任過國務卿的約翰‧杜勒斯，出任過國防部長的克拉克‧克利福德，當選過總統的理查德‧尼克森等人，在步入政壇之前都曾操過律師業務；從而，當律師也就理所當然地被視為步入政界的一條捷徑。

從根本上說，律師的崇高地位是被製造出來的。

律師除了發揮為當事人進行辯護的職能以外，還在領取營業執照和職業執照、解釋稅法和合同、處理協議、辦理社會保險和公證財產等方面發揮著重要的作用。人們越是對律師具有依賴性，律師受人尊敬的地位就越是牢靠。律師通過為社會名流、影視紅星、闊老辯護，自己也在製造出的轟動效應中不斷加強著自身的地位。在某種程度上也可以說，好打官司的心理既是對律師地位的加強，又是由對律師的迷信心理所強化著的。

好打官司促使美國人千方百計從千絲萬縷的聯繫中尋找於己有利的解釋。英國著名哲學家、數學家伯特蘭‧羅素到美國講學，就曾深受好打官司心理之苦。

羅素由於在數學、哲學和文學方面曾做出巨大的成就而蜚聲全球，並因而被美國加州大學和芝加哥大學聘為客座教授。他曾就人類的生存境況發表過許多深刻的見解，其中包括「人類只有慾望，並無道德準則可言。」以及「只要不生孩子，性關係全然是私人之間的事，同國家和鄰居都毫不相干。」等等驚世駭俗的見解。

然而，這些驚人之語同本世紀四十年代初期的美國社會氛

圍卻是格格不入的，因為當時的美國人仍然恪守著傳統的禮儀習俗，他們比起羅素來，反倒更趨近於維多利亞時代的道德水準。因此，當紐約市立學院決定邀請羅素前去講學時，美國各界許多人都對此舉加以抗議，認為羅素的到來只會敗壞美國社會的倫理道德觀念。

抗議者中，以紐約市布魯克林區牙醫凱先生的太太瓊·凱最為獨特。這位整天唯恐自己的女兒變壞的母親擔心：倘若自己的小女兒長大之後進入紐約市立學院學習，落入羅素這個惡魔之手，怎麼辦？

凱太太越想越憤慨，便向約瑟夫·戈爾茨坦律師請教，決定向法庭起訴羅素。

從道理上講，羅素的講學同凱太太及其女兒似乎沒有什麼直接關係可言，然而，凱太太通過起訴來找碴的做法卻是得到法律認可的，因為紐約市立學院的經費得自於政府的財政撥款，任何一位納稅人都有權起訴，說市立學院在濫用公款。凱太太太也正是以納稅人的身分向法院起訴的。她同戈爾茨坦律師帶著羅素所撰寫的四本著作到紐約州高等法院，向麥克吉漢法官作證，認為這些書是「淫蕩的、猥褻的、污穢的、色情的、極其不道德的」。恰巧麥克吉漢法官也是羅素的強烈反對者，這位法官於是便進一步搜集到許多針對羅素而來的剪報，其中有稱羅素在英國主辦過裸體新村的、有稱羅素不反對同性戀的、有稱羅素欣賞淫穢打油詩的。因此，麥克吉漢寫了長達十七頁的判決書，認為市立學院邀請羅素講學，實質上等於是在紐約市開設了一個「淫穢講座」。他尤其提出，不能以學術自由為名，容許任何一個教師胡說學生任意性交是正當合法的。這樣，羅素便只能被視作大逆不道的瘋子而被紐約市立學院拒斥於門外，最終只能到哈佛大學去做教授。

在這場「羅素訴訟案」中，美國人把思想傳播者的作用誇大為「世風日下，人心不古」的重要原因，乃至是唯一的原因。但從實際情形來看，重視感性經驗的美國人並非真地相信思想傳播有如此奇效，否則，羅素伯爵倒是應當高興而不必在三年以後回到英國時，對美國大加抨擊了。

這種把行為的原因直接歸咎到思想傳播者頭上的思維方式也曾使性教育在美國最初興起時步履維艱。二十世紀七十年代初期，有七○％的美國人已經開始意識到，必須把性不僅當作人的行為，而且當作人的本能來加以詮釋，這些人進而把在學校裡開展性教育看作是對付傷風敗俗之趨勢的補救良方。

然而在另一方面，反對性教育的多種組織也是紛至杳來，性教育幾乎遭到同樣強烈的反對。反對組織有恢復正派生活運動組織、爭取負責任之教育的父母聯合會、爭取道德穩定的母親組織、正性會、反對性教育父母會等等。有人譴責學校進行性知識教育是「對兒童揭示性交與手淫的全部細節」，這些人進而把這類學校稱作「學府式妓院」。

領導基督教改革運動的一位名叫比利‧詹姆斯‧哈吉斯的牧師乾脆把美國性知識與性教育委員會稱作「開明教育的一個淫穢助手」。

在舊金山，極右派反對者印發了大量傳單，傳單中複製了《一位醫生同五至八歲兒童的談話》一書中一隻癩蛤蟆趴在另一隻癩蛤蟆背上的插圖。這幅無害的揮圖原來的說明文字是一隻母蛤蟆背著自己的小蛤蟆，但極右派反對者的傳單卻把說明文字改成了「交尾的癩蛤蟆」，從而使性教育運動遭到不小的打擊。

上述種種考慮問題的視角無疑表明，美國人在注重行為效果的同時，也以同樣的姿態重視引發諸種行為的原因，甚至不

惜把引發某種結果的多種原因中的次要原因升格為主要原因，人為、牽強地製造因果關聯。

在他們看來，任何行為都是有目的、有誘因的，無論這種因果聯繫是以單線形態還是以多維形態表現出來。對效果的重視能夠引導人們最實用地走向成功，而對原因的看重，除了引發人們好於法庭上辯論的官司心理之外，還能進一步加深人們對行為過程本身的認識。

然而，並不是任何行為的結果都能夠找尋到明確的誘發原因。二十世紀七十年代初期，加利福尼亞州發生了一起相當嚴重的大規模凶殺案：蒙特雷灣的眼科醫生維克托‧奧塔與其妻子、兩個兒子以及祕書共五人被殘殺，奧塔價值廿五萬美元的房屋也被焚毀。警察趕到現場時，在眼科醫生汽車擋風玻璃的刮水器下發現了一張草草書寫的紙條，上面寫著：「自本日起，不論何人……凡是濫用自然環境或對自然環境加以破壞者，均將受到處死的懲罰……我和我的同志們自本日起，將戰鬥至死或至不再有不維護這個星球上的自然生物的任何事物和任何人時為止。物質至上主義必須死亡，不然人類就將滅絕。」簽名借用了算命紙牌的詞語：「持杖騎士、持杯騎士、持符騎士、持劍騎士」。

此案發生後不久，就在距離案發地點半哩的一個破棚子裡發現了凶手，一位名叫弗雷澤的青年。立案後，面對這起激進派政治同巫術奇特結合的命案，弗雷澤的律師怎麼想也都難以確斷凶手殺人的真正直接的原因。而律師身分本身所具有的能言善辯的題中之義又迫使律師不得不對此案有個說法。於是律師靈機一動，說道：他的當事人曾經在一次汽車事故中撞傷了頭，自那時以後，他就完全變了。

頭被撞傷，極有可能造成思維的紊亂，從而導致一些異常

的行為。而頭被撞傷作為殺人的直接誘因，其可能性卻微乎其微，這是常人所能明瞭的事實。弗雷澤的律師通過從原因上附會來轉移話題，實際上是承認了凶手殺人原因不明；但同直接承認相比，這種轉換視角的回答效果顯然是好得多。

麥卡錫的狡辯

從多維視角考察問題，除了可能導致人為地製造因果關聯的「無理狡三分」之外，還可能導致對作為一種因果關聯的思想過程和行為過程進行人為地干預和控制，以便實現「別有用心」的目的。

美國參議員喬・麥卡錫由於推行極端反共的麥卡錫主義而搞得身敗名裂。一九五四年四月，美國參議院專門為麥卡錫主義所招致的惡果舉行聽證會。然而，麥卡錫是一位詭辯老手，他常常能夠把每一次會議都變成一場鬧劇；對付麥卡錫，沒有足夠的智謀確實難勝其任。在這次聽證會上，當主持人蒙特宣布聽證會開始、律師詹金斯尚未來得及對見證人開始進行提問時，麥卡錫便先下手為強，立即打斷了會議主持人的話，插問道：「主席先生，我想提出一個程序問題。我可以提出程序問題嗎？」

遵照美國的法律，見證人只要所提出的問題符合《議事規程》的規定，就能夠以提出程序問題的方式打斷主持人的問話。然而，麥卡錫提出程序問題卻恰恰是鑽了法律的空子，即通過合法地打斷他人的問話，為自己爭取到慷慨陳說自己觀點的充分時間和機會。

按照麥卡錫本人的說法，他在兒童時代曾受到過一位叫查

理的印第安人「導師」指點，學到了一手「絕活」——

　　　　如果有人向你走近而態度並不完全友善，你就要盡快朝他胯下猛踢過去，直至他無法動彈為止。

　　這手「絕活」往往使麥卡錫能夠借助於宏亮的嗓音，打破於己不利的被動局面，進而轉換探討的論題，使原本是雙方交戰的聽證會變成一方慷慨陳詞的演講，以至於主持聽證者也完全被這種手段所誤導。

　　「先下手為強」表現的談話中，就是占據心理態勢上的制高點，通過控制談話的論題來人為地控制談話的進程，進而使整個談話按照自己所預期的方向發展。

　　一九五五年七月，美、蘇兩個超級大國的首腦在日內瓦舉行會談，試圖就東西方自由交往、軍備裁減、核武器控制等問題達成某種妥協。會議期間，美國總統艾森豪·威爾主動向蘇聯代表團提出了「開放空間」的計畫——

　　　　現在我主要對蘇聯代表團講幾句，因為誰都知道，我們兩個大國的確擁有不少可怕的新武器，這就使世界各國，也使我們兩國，產生了遭到突然襲擊的恐懼感和實際危險。

　　　　因此，我建議我們兩國探取一個切實可行的步驟，我們應該很快作出一項安排，首先在我們兩國之間立刻就辦起來。這項安排的內容包括——

把兩國各自的軍事設施情況，從頭至尾，由東到西，統統列出，互相交底；讓這些設施全部公開出來，並彼此提供有關的藍圖。

下一步是，在各自國內為對方提供空中攝影的便利條件——我們將在我們國內提供這種便利條件，即充分的空中偵察條件，你們可以愛拍什麼就拍什麼，拿到你們國內去研究；你們呢，也照樣為我們提供這種便利條件，讓我們進行同樣的偵察。

通過這些步驟，我們就可以使全世界相信，我們彼此之間已經在設法防止大規模突然襲擊的可能。這樣就可以降低危險，緩和緊張局勢了。

艾森豪‧威爾所提出的這個計畫之大膽，使得赫魯曉夫所率領的蘇聯代表團全體人員目瞪口呆。讓美方軍事人員在自己國家的天空自由飛行拍攝，並且向美方軍事人員毫無保留地提供己方軍事基地的詳圖，這做法實在難以為蘇聯人所想像，因為當時東西之間仍然在許多方面保持著互相猜疑的姿態。對於「開放空間」的計畫，蘇聯人幾乎無言以對。

其實，從當時的歷史情境來看，美國人剛剛經歷了恐怖的麥卡錫時代，麥卡錫主義的遺風尚存，艾森豪‧威爾所提出的「開放空間」計畫對於美國人自身而言也是不能接受的，這一點艾森豪‧威爾不可能茫然不知。但艾氏憑藉長期積累的非凡軍事經驗，斷定蘇聯人比起美國人來更承受不了「開放空間」所可能導致的巨大心理壓力，於是不失時機地全盤推出這一計

畫，以便讓美國人及盟友「消遣」一回──然而，這種「消遣」方式卻獲得了極大的成功，整個西歐普遍一致地認為艾森豪‧威爾在日內瓦打了一場破除懷疑主義的勝仗。蓋洛普民意測驗表明：百分之八十四的美國公民擁戴艾森豪‧威爾總統。從而也表明：日內瓦會談業已成為艾森豪‧威爾總統生涯中的巔峰之作。

無論從哪一方面講，「開放空間」都不是一個切實可行的現實目標，而至多是心理態勢上的一個制高點。占據了心理制高點，實際上也就是獲得了一個潛在的自由運思空間，從而也就能夠在氣勢上壓倒對方。反過來看，一旦這一個心理制高點失守，則往往可能導致自己陣腳大亂。因為從常理上講，人的思維和行為過程是不可能在重負如山的壓力下仍然得以自由展開的。

一九五七年十月四日，塔斯社向全世界播放了一條重大新聞：蘇聯已經成功地發射了第一顆人造地球衛星，從而為人類的宇宙旅行開闢了廣闊的道路。這則消息對美國社會產生了極大的震撼，美國人原有的對科研和創新方面領先地位的自信心隨之蕩然無存，他們似乎第一次嘗到了低人一等的滋味。

蘇聯的一位星際科學家謝巴夫在巴塞羅那的科學會議上就曾嘲笑他的美國同行：「你們美國人的生活水平比我們高。但是，美國人就只愛自己的汽車、冰箱、房子，而不像我們俄國人那樣熱愛自己的祖國。」

第一顆人造地球衛星的上天使美國人不再能像兩年前日內瓦會談時那樣「消遣」了，他們在心理上一下子從優勢落轉到劣勢；而人處在心理劣勢的狀況下，便很難做到平心靜氣、合乎邏輯地看待問題，更談不上以自由激活的心態來辨識可能存在的多維視角了。蘇聯的人造地球衛星每天從外層空間以二十

兆赫和四十兆赫兩個頻率交替發出一種奇怪的降 A 調嘟嘟聲，美國中央情報局竟然認為這是人造地球衛星在用密碼發回信號，因而派遣密碼員日夜輪班，以期破譯密碼。

蘇聯參加國際地球物理年會的三人代表團當時正好在華盛頓，其首席代表勃拉岡拉沃夫將軍反覆向美國人解釋：根本不存在什麼密碼，設計人員設計了嘟嘟聲，是為了方便人們追蹤衛星，以便知道衛星仍在太空運行。衛星中除了一台發報機和蓄電池外，什麼也沒有。並且，大約在三個星期之後，電池就會耗光，嘟嘟聲也即停止。但是美國人依然滿腹疑慮。

尤為奇特的是，福特汽車公司由於蘇聯衛星的上天而受到致命的打擊，該公司埃德塞爾牌新型汽車當時剛剛上市，恰好被蒙受恥辱的美國人看作是華而不實的小玩藝兒，看作是美國不光彩的象徵。由此可見，人處在心理劣勢時所採取的行為是很難理喻的，因為心理劣勢已經使人們失去了對思維過程和行為過程的有效控制，從而把握不到真實的因果關聯。

多米諾效應

當年美國人對蘇聯發射第一顆人造地球衛星感到害怕，還暴露出他們的另一種具有特殊意味的心理，這就是：既然蘇聯人能夠成功地發射第一顆衛星，那麼他們也就同樣有能力發射第二顆、第三顆……美國國際地物年計畫主席約瑟夫·卡普蘭博士就認為：「他們能發射這樣重的一顆衛星，他們一定能夠發射更重得多的衛星。」

這是一種因果鏈式的運思方式。它認為，任何原因與結果之間都不是一種單向的一一對應關係，某種原因所引起的結果

可能會成為其他結果的誘發原因，如此陳陳相因，思想和行為過程中的多種因素便鏈式地關聯在一起。由於這種特性，那種「頭痛醫頭，腳痛醫腳」式解決問題的途徑顯然難以真正奏效。換言之，考察經驗事實和觀察問題，必須把盡可能多的因素或條件通盤加以考慮。

美國出兵越南，一定程度上便是由美國人因果鏈式的運思方式所推動。五十年代初期，由於受到越南游擊隊的不斷打擊，法國軍隊在其殖民地上的命運岌岌可危。面對如此情勢，艾森豪·威爾總統仍然堅持不捲入的姿態。因為在他看來，一旦美國軍隊捲入印度支那戰事，只會導致更深、更全面的戰爭，從而釀成更大的悲劇。

然而，美國社會各界更多的人則主張美國軍隊應該武裝干涉印度支那。這些干涉派人士提出，如果任由共產黨在印度支那的一條戰線上取得勝利，那麼，整個世界範圍內所有戰線的安全也就會遭遇到危險。麻省理工學院的經濟史教授沃爾特·羅斯托在其《戴達魯斯》一書中就說過——

> 蘇聯和中國地面部隊的調動，可以使美國喪失歐亞地區的力量平衡。同樣，如果這個關鍵性地區裡的男男女女不論由於希望或者失望而轉向共產主義，這種力量平衡也會喪失……如果我們成了集權主義這方汪洋大海中的一個民放孤島……美國的生存就會受到威脅。

從設想印度支那的失守到設想美國的孤立，是一個漫長的思維歷程，其間尚有許多思維環節；但不論這些思維環節有多少種，鏈式的運思能力都能夠清晰地把握其中的因果鏈條，從而為某種可能的結果尋找到最有說服力的某種原因。

在武裝干涉派的強大輿論壓力下，艾森豪‧威爾也逐漸發生轉向，他先是批准了對法國軍隊進行物質援助，繼而也認同了武裝干涉派的因果鏈式思維。艾氏在一次記者招待會上便說：印度支那的命運所關涉的遠遠不是法國的威信問題，共產主義在印度支那取得勝利，便會迅速擴大勢力，接著便使美國失去重要原料的來源，接著便使自由世界失去整個東南亞，接著便使美國在太平洋的防禦線（指澳大利亞—紐西蘭—菲律賓—台灣—日本）受到威脅，接著便是危及到美國本土……

　　說著說著，艾氏覺得這種情勢十分類似於人們常玩的多米諾骨牌，於是他就順手把「多米諾骨牌」這一新的隱喻加進到他的講話中：「你豎起了一排多米諾骨牌，推倒了頭一塊，那麼最後一塊的命運肯定也會很快倒下來。所以這就是全面瓦解的開始，可能會產生極大的影響。」

　　這樣一來，「多米諾骨牌」就成為人們因果鏈式思維方式的喻稱，「骨牌效應」因果鏈式的思維方式本身也就更加容易為人們所理解。

　　在多米諾骨牌中，第一塊骨牌具有決定性的意義；同樣，在因果鏈式的運思活動過程中，最初的原因也往往具有舉足輕重的影響力：一旦最初的原因得以確準，那麼思想與行為的整個過程也就得以順理成章地梳理；而一旦最初的原因搞錯了，思想與行為過程也就整個地面目全非。

　　心理學家愛德華‧德‧波諾曾經運用「掘洞原理」中的垂直思維說明「多米諾效應」，並把它同橫向思維作了對比。垂直思維是從單一的觀念出發，然後循著這一觀念深入推進，直到找到解決問題的辦法。而橫向思維則是對不同的視角進行分析，然後再著手尋求解決問題的辦法。德‧波諾認為——

從邏輯上說，使用適當的工具，可以將洞挖得又深又大，形成一個真正好的洞。但是，如果挖錯了位置，無論如何加以改進？也無望使洞置於正確的位置。對於每個挖掘者來說，無論他多麼清楚這一點，他還是容易繼續挖下去，而很難變化位置，重新開始。垂直思維是將同樣的洞挖得更深；橫向思維則是另找地方，進行新的嘗試。❷

依據「多米諾效應」，錯誤的問題或原因必然會一發不可收地引發錯誤的結果；垂直思維的最大局限性也就在於：作為出發點的觀念或問題一旦出錯，整個過程會難以中止地跟著出錯。在關於是否出兵越南的那場爭論中，反對干涉派的李奇威就同樣依據「多米諾效應」來提出論證的理由。李奇威了解越南境內的複雜地形，認為美國武裝干涉是一種悲劇性的冒險行動。他在呈給艾森豪·威爾總統的書面意見中說：如果同意出動美國的空軍力量，那麼調派步兵就只是時間問題。順著這條思路進一步推論下去，李奇威會說：美國全面捲入越南戰爭也就只是個時間問題。

於細微處見智慧

「多米諾效應」體現了千差萬別的事物或因素普遍聯繫的原理。由於對「多米諾效應」深信不疑，美國人養成了常常把小小的孤立事件看作是普遍現象的通病。儘管如此，依據因果

---

❷ 參見〔美〕詹姆斯·L·亞當斯：《突破思維的障礙》，陳新等譯，第三十六頁。

鏈式的關聯來考察經驗事實和觀察問題，無疑能夠增強人們實際的生存能力。在最為廣泛的意義上，生存能力就是人們解決具體問題的能力。

「多米諾效應」中普遍聯繫的多維視角促使美國人極其注重小事和瑣事，並且特別喜好在細節上練功夫。在約翰·甘迺迪總統眼裡，似乎任何細枝末節都具有特別重要的意義。在其就職典禮的檢閱儀式中，甘迺迪注意到海岸警衛隊士官生中沒有一個黑人，便當場派人進行調查；他在就任總統後的第一個春天，發現白宮返青的草坪上長出了蟋蟀草，便親自告訴圓丁把它除掉；他發現美國陸軍特種部隊取消了綠色貝雷帽，便下達命令，予以恢復；尤其使人感到意外的是，甘迺迪在就任總統後不久舉行的一次記者招待會上，竟然胸有成竹地回答了關於美國從古巴進口一千二百萬美元糖的問題，而這件事只是在此四天前有關部門一份報告的末尾部分才第一次提到過。

身為總統，甘迺迪巨細都抓的風格非但未為美國人指責，反倒更加圓滿了自己的形象。

同甘迺迪相比，美國的許多位總統似乎都不遜色。其中，富蘭克林·羅斯福總統是憑藉驚人的記憶力來記住諸多細枝末節的。

第二次世界大戰期間，有一條船在蘇格蘭附近突然沉沒，沉沒的原因是魚雷襲擊還是觸礁，一直沒有結論。羅斯福則認為觸礁的可能性更大。為了支持這種立論，他滔滔不絕地背誦出當地海岸漲潮的具體高度以及礁石在水下的確切深度和位置。言一出令許多人暗中折服。羅斯福更拿手的絕活是進行這樣一種表演：他叫客人在一張只有符號標誌而沒有說明文字的美國地圖上隨意劃一條線，他都能夠按順序說出這條線上有那幾個縣郡。

羅斯福這種不分巨細、面面俱到的癖好曾經被嘲笑為「想用一顆藥丸解救一場地震。」但他卻如此告誡美國人：「要成大事，就得既有理想，又講實際，不能走極端。」從羅斯福本人的行為方式來看，他所說的「不走極端」，顯然指的是不走理想、抽象、空洞的極端。

　　林頓・詹森總統也曾在細枝末節上作過出色的表演。有一次，詹森剛剛在國會參眾兩院聯席會上致完辭，一位參議員便跑上去向他表示祝賀。詹森說：「對，大家鼓了八十次掌。」這位參議員立刻跑去檢對會議記錄，竟然查實總統絲毫沒有說錯。顯然，詹森在講演的同時，必定在仔細記數著會場上鼓掌的次數。

　　關注細枝末節的現象為什麼偏偏屢次在總統身上發生？這其中顯然同總統對自身形象的精雕細琢有關：總統連全國每個縣的縣名和地理位置、不為人知的建議，乃至白宮草坪上的蟋蟀草都注意到了，還會有什麼東西落在總統的視野之外呢？於是，老百姓對關注細節的總統也就特別放心，相信這樣的總統必然能夠把他的偉大目光投注到每一個人歡樂與痛苦的細微的情感變化之中。

　　總統關注細節，並不意味著一般美國人關注細節就是與此兩相牴牾的。事實上，總統關注細節的各種現象之所以能夠為一般美國人所捕捉並且經常性地出現在口頭的傳說與書寫的文字之中，正由於一般美國人也同樣注重細節。這是因為，總統關注細節的多種現象本身就是一些細枝末節；捕捉到這些事情，同樣需要寬廣的視野和敏銳的觀察力。

　　關注細枝末節所可能獲致的奇特效果，從反面的案例中或許更能夠被清楚地加以認識。仍然以總統為例。威廉・哈里森和馬丁・范布倫都是美國巨富，在同時競選美國總統的過程中，兩人日常生活中的細微行為方式竟然成為決定選民投票意

向的重要參數：在日常生活中，哈里森喜歡用大壺喝烈性蘋果酒，而范布倫則喜歡用高腳金杯飲外國葡萄酒。結果，哈里森在競選中穩操勝券，當選為美國第九任總統。把此案當作反例來看，不就是范布倫馬失前蹄，輸在「不顧小節」之上嗎！

「多米諾效應」所包含的對細枝末節加以注重的涵義，轉換成中文表述就是：「千里之堤，毀於蟻穴。」

從部分看整體

民主、平等、自由、博愛……所有這些抽象原則都是美國人根深柢固的理想觀念，都在驅動著美國人不斷朝著理想目標邁進。然而，在日常的現實生活中，所有這些抽象原則又都何在？美國人會說：要理解我們的平等觀念，只要考察一下「肯德基」就足矣。

可以毫不誇張地說，人們吃「肯德基」快餐，實際上就是在吃美國文化、美國觀念。「肯德基」快餐所蘊涵的內核觀念就是身分平等；任何人，無論富貴，都是以同等的價錢享用同等質量的一份快餐；山德斯上校把身分平等的觀念具體生動地表現了出來。

其實，許許多多具有整體意義的抽象原則都是通過具體現實的部分、乃至枝節，才得以表達的；否則，那些抽象原則只會滯留於空洞的形式。

從部分乃至枝節來表達整體，很大程度上同美國人堅實的自我感相關。一九〇九年，美國克拉克大學校長斯坦利·霍爾邀請西格蒙德·佛洛伊德前往美國講學。佛洛伊德就「精神分析學的起源和發展」作了精湛的系列講座，介紹了當時有關人

格理論的爭論，從而促進了美國心理學的發展。美國心理學和哲學的老前輩威廉・詹姆士當時雖然年事已高，並且在麻薩諸塞坎布里奇的家中抱病楊上，但他還是經過一天的行程，趕到克拉克大學聽佛洛伊德講課，並且會見了這位年輕的學者。聽完講課後，詹姆士走到佛洛伊德面前，對他說：「心理學的未來將屬於你的研究。」

這次富有戲劇性的會見具有強烈的象徵意味，它表明以往強調個人與個人之間相互關聯的美國傳統心理學已經愈益認識到自我的重要作用和個體的中心地位，因而逐漸向強調個體精神發展的佛洛伊德精神分析學靠攏。

個體或自我的中心地位，實際上為人們提供了考察經驗事實和觀察問題的一個堅實的原點或基礎。美國的心理學理論在此後的發展過程中逐漸明確地形成行為主義的獨特形態；而行為主義的一個要點就是強調部分與整體的協同一致。殊不知，這種部分與整體的協同一致化要求，助長了美國人在部分與整體關聯上的人格化運思方式。比如，美國人一般都認為，斯大林是蘇聯，希特勒是德國，總統是政府，胡佛是聯邦調查局，約翰・D・洛克菲勒是美孚石油公司，如此等等，不一而足。事實上，他們也在以同樣的方式進行著指稱活動。

這種人格化的運思方式和指稱方式從個體概念出發，堅決檳棄了任何抽象化的概念，從而把真實的個體或部分同真實的整體堅實地融為一體，以至於整體從個體人格那裡獲得了生成和死滅的有機特性。比如，美國人就普遍認為，斯大林去世之後，蘇聯經歷了一個「非斯大林化」的過程。

部分和整體的相互融貫與協同，往往要求兩者之間具備強烈的吸納能力；在現實中，這種融貫與協同並不是時時都能發生的，就個人而言，他或她同整個社會的道德規範發生對抗和

衝突的現象也是經常發生。

在美國的社會生活中，女婿同岳母之間的關係就一向是喜劇家的傳統笑料、劇作家的顯要主題以及夫妻間的真正難題。

為什麼會出現這種尷尬關係？關鍵就在於女婿們在成立家庭之後希望獲得獨立，從而擺脫由於結婚而獲致的種種姻親關係。女婿們經常性的一句口頭禪；「你媽要來看我們。」便是表達了對社會關係壓力的迴避和無可奈何。因此，西方文明中女婿和岳母的尷尬關係，以及東方文明中媳婦同婆婆的尷尬關係，這兩種現象完全可以成為中西比較的重要案例。

獨立的個體作為堅實的基礎，常常要求人們為之培原固本，對健康身體的渴望便是強化這一基礎的常見途徑。

美國人伯吉斯說：我們的身體將成為我們的自傳。堪與此語相互發明的現象就是：美國人特別愛護牙齒，特別喜歡看牙醫，牙醫業也就特別有利可圖。論究竟，看牙實際上就是在看整個身體，看整個身體的運轉狀況，看伯吉斯所謂的「自傳」。

在保持身體健康方面，戴爾．卡內基可謂給美國人提供了一條好的建議；時時保持輕鬆，讓身體像一隻舊襪子那樣寬鬆張弛。

事實上，卡內基本人就在辦公桌上放著一隻褪色的舊襪子，隨時提醒自己放鬆身體。卡內基還認為，如果找不到舊襪子，也可以以貓為鑑，因為貓在陽光下軟綿綿的鬆垮垮的睡相，正是人們學習放鬆身體的樣板。

如此看來，生存的智慧也就是從重視身體健康起步的一種整體性智慧。

從整體看部分

　　整體的特性可以在部分或枝節中反映出來，並不意味著可以就此完全撇開整體。在許多時候，許多場合，整體思維的效果是根本無法為細枝末節的考察效果所替代的。

　　我們知道，美國幅員遼闊，各地區、各州之間都存在著許多地理上以及風俗習慣上的差異；有些差異之大，竟然難以為人們所理喻。就法律而言，全國有人人可循、人人必依的統一法律條文；但與此同時，各個地區、各州也自行規定了五花八門的法律、法規。

　　例如——

　　　　在佛蒙特州，游泳時不允許在水裡吹水泡。
　　　　在科羅拉多州，釣魚只准用一根釣竿。
　　　　在維吉尼亞州的坦朱露城，嬰兒車不允許並行在人行道上。
　　　　在紐約州的威爾頓城，除非得到許可，否則不允許把水給任何人喝。
　　　　在南卡羅來納州，假如沒有得到女子學校校長的許可，切勿向女學生們打招呼或者扮鬼臉，否則將受罰。

還有一些地方性的法律條文則更是令人哭笑不得——

　　　　在田納西州，所有從事算命職業者，都必須持有大學畢業文憑。
　　　　在伊利諾斯州，女人在商店中挑選衣服，試衣的次數不得超過六次，對試穿第七件衣服者，可予以逮捕。

在亞利桑那州，懲罰偷盜肥皂的小偷的辦法是，令其用所偷盜的全部肥皂洗澡，直到把肥皂全部用光為止。

這些地方性的法律條文不僅在陌生人的眼中看來非常不可思議，即便是當地人，也時常會大惑不解。

地方性法規儘管也作為法律而制定，但它卻與國家的總體法律有著很大程度的差異。

首先，國家法律具有其固有的普遍性，因而也就具有其統一性和抽象性。而地方性法規則因地而異，各不相同。這些看似戲謔的條文又都非常具體，它對於行為者的行為規定的不是「允許」幹什麼，而是「不允許」幹什麼。

此外，關於是否違犯國家法律，其標準在於：行為者的行為是否已經構成對社會的直接危害。而地方性法規則往往沒有一定的判定標準。國家法律的實施是整個社會範圍的實施，它必須經過各個社會職能部門的協調，過程繁瑣而又複雜。地方法規的實施則具有很大程度上的簡捷性和直接性。概言之，國家法律總是以特定社會的道德規律、社會制度、宗教信仰等等工作為制定的依據和背景，而地方性法規則絕對沒有諸如此類的社會道德責任，它不是以是否承擔了某種統一的道德義務為標誌的。

國家的法律為人們提供了一整套行為規範，替人們劃定了一種行為的空間；而這種做扶的結果卻是，它儘管在很大程度上控制和規約了人們的行為，使其不逾界限，從而形成一種和諧與穩定，但這種和諧與穩定卻沒有解決人與人之間的緊張關係，相反，人與人之間的嚴重對峙依然如故地日益加強著。此時，社會就不再是個人的行為、道德規範和價值的源泉，而僅僅成為個人在其中活動的物理意義上的場所。

有著完整的體系、高居於一切之上的法律，其精神在於它具有絕對的權威性。當它充滿對意義的專制、作為某種統一體而出現時，這種權威便演變為權勢，因為在這裡，一切社會行為都被賦予了絕對確定的意義，這種確定性則以社會公眾的道德觀念為最終的基礎。但是，殊不知，社會公眾道德觀念本身的確定性尚有待於證明。正是在法律的絕對權勢中，意義的秩序形成了。從此，人們活動於其中的世界，成為人之外的東西，人們的一切行為都已經在先地具有了完整而明晰的意義，人們所要做的只不過是選擇，並且這種選擇業已不再是一種真正自由的選擇。

　　與此相比，那些令人啼笑皆非的地方性法規則對完整而嚴謹的法律秩序和意義世界形成了某種衝擊。在國家法律中，人們讀到的是保障，是秩序，甚至是禁忌，而在那些地方性法規中，人們讀到的卻是輕鬆與幽默。

　　入鄉必問俗。在進入各個地區、各個州時，必須對各地各州的地方性法規有所知曉，而當人們面對某些地方性法規而感到啼笑皆非時，他們才會發現，人們行為的真正依據仍然是國家的統一性法律條文，甚至是具有更大、更普泛意義或世界性意義的某些行為準則。

Chapter 3
多向度的角色製作

　　「角色」概念本身便是一個模稜兩可的概念。社會學家從各個角度考察這個概念，得一出了各不相同的角色理論。而在現實生活中，在人們的日常交往活動中，只要是處於社會之中，角色就並非是一個強加於人的概念，而是人的社會生活的核心概念之一。無論人們是怎樣理解他所置身於其中的世界，當他面對著這個時時處於失業、民族問題、社會犯罪、環境污染，甚至戰爭威脅之中的高度技術化社會之時，他已無可逃避地成為體現社會力量的個體。在他身上，處處可以看到時代精神的折射。

　　在這樣的現代社會之中，要想使人格保持完整而不致支離破碎，角色作為人們在社會關係之中的反應造型便成為迫切需要思考的問題。莎士比亞在其名劇《皆大歡喜》中的一段話恰如其分地描述了這個問題——

　　　　偌大的世界，一個舞台。
　　　　男男女女，皆為演員，

他們出出進進，進進出出，
在這個時代，
各自扮演著許多角色。

牛仔的氣概

當年〈五月花〉號船從荷蘭的德爾夫特──哈文開始駛向北美海岸之時，一個新世界的序幕正在拉開。當歐洲人第一次登上這片新的陸地之後，他們雙膝跪下，感謝上帝的仁慈，使他們越過了浩瀚洶湧的海洋。但正當他們又一次感覺到大地的堅實、原野的廣闊和森林的幽深之時，他們突然發現在這片新大陸上，除了荒無人煙的原野、高不可攀的山脈之外，就只有不怎麼友好的蠻人。他們背後無邊無際的大洋曾經是通向希望的路途，如今卻成為與文明世界之間一道不可逾越的屏障。

正是這險惡艱難的環境，迫使美國先民必須用未來的眼光看現在，他們關心的始終是明天會怎樣，夢想如何實現。於是偉大的開墾不斷取得成功。

「在整個歷史上，沒有哪個國家像美國這樣萬事順利，每一個美國人都了解這一點。地球上沒有任何地方自然條件如此優越，資源如此豐富，每一個有進取心和運氣好的美國人都可以致富……他們從來不知道失敗、貧困或是壓迫；他們認為這些不幸是舊世界所特有的。對他們來說，進步不是抽象的概念，而是日常經驗：他們每天看到荒野變成良田，村莊變成城市，社會和國家不斷變得富有

和強大。」❶

　　正是如此：在美國人眼中，歐洲只屬於過去，而他們自己
則完全屬於未來。他們巨大的成功使他們確信，美國是世界上
最好的國家；荒涼的原野、茂密的森林不再是文明的敵人，而
是任意馳騁的樂園，是獲得財富的機會。

　　美國人「英雄角色」的觀念正是來自於這個偉大的開拓歷
程。他們崇拜英雄，但是他們所崇拜的不是神靈英雄、先知英
雄、君王英雄或是教士英雄，而是「平民英雄」。保羅‧布尼
安、邁克‧芬克斯、丹尼爾‧布恩這些開發邊疆的英雄，甚至
後來的美國總統林肯、格蘭特、胡佛、克利夫蘭等也都出身平
民。可以說，在美國根本不存在歐洲意義上的貴族。儘管美國
沒有貴族，卻有英雄，開拓者的業績在人們的茶餘飯後被神話
般地傳說著。

　　美國人這種對英雄的崇拜，實質上是對人類創造力的崇
拜，最終是對自身創造力的崇拜。因為，在這個國家，每個人
都有機會成為英雄（儘管成為英雄的標準不同），而不管他是
農場主、伐木工、製鞋匠或是律師。正是這些「平民英雄」創
造了美國的歷史，同時在實現「山巔之城」夢想的開拓性事業
中，增強了美國人的英雄角色觀念。

　　　　「何謂英雄崇拜？一個自我生存的、有創見的真實之
　　　人肯定是這個世界上最不能去敬慕和相信別人的人，只能
　　　使他必然地並不可違背地不相信別人的死公式、傳聞和非
　　　真理。一個人用他睜開的眼睛去信奉真理，並且正由於他

---

❶　康馬杰：《美國精神》，南木等譯，第六頁。

的眼睛是睜開的，他有必要在他所愛的真理老師面前閉上眼睛嗎？」❷

　　正如卡萊爾所說的那樣，美國人心目中的真理是眼睛所看到的真理，對於經驗與創見的執著是美國人英雄角色觀念的根基。「真理即是有用」則是這種英雄角色觀念最徹底的表述。何謂「有用」？在美國先民那兒，「有用」無非就是獲得財富，再擴大其含義，就是「正義」。「正義」與「財富」在他們那兒常常是相通的。所以，正是「好義」與「財富」這兩個概念具體構成了美國傳統精神中的英雄主義核心。

　　「牛仔」形象正體現了這兩者。實際上，好萊塢及電視螢幕上的西部英雄與當時在開闊的牧場上辛苦勞作的人們並無多少相似之處。他們只不過是被雇來每天進行著枯燥乏味的巡視工作者，他們孤獨的生活並沒有什麼浪漫色彩。然而，角色創造的對象並不需要是現實生活中的人，英雄形象更是如此。那些英雄形象只是人們在特定時代中的價值觀念、道德規範與處世原則的象徵。對於這種角色投入的過程，正是發揮人們在特定歷史、地理與社會背景之中最大潛力的過程。高頂寬邊帽、皮護腿套褲、打結的圍巾、六連發左輪手槍──這種理想中的牛仔形象正是對於英雄主義的具體描繪。

　　在西部片中，我們可以看到，能夠促使牛仔們躍馬挎槍，與匪徒搏鬥的唯一原因就是財富，而正義便只體現在「正當地擁有或失去財富」之中。另外，牛仔的界線常常是不定的，警察與匪徒、牧場主與工人，甚至黑人與婦女，只要在他們身上

---

❷　參見〔英〕卡萊爾：《英雄和英雄崇拜 ── 卡萊爾講演集》，張峰、呂霞譯，第二○八頁。

體現出「財富」與「正義」，那麼他們都可以成為牛仔英雄。

牛仔們的英雄主義又常常是極具地域性的，他們不同於那些信誓旦旦要拯救世界的政治家、哲學家或詩人。他們所維護的正義，其範圍常常只是一個鎮子、一條山谷，甚至只是一家客棧。這樣的英雄形象無疑更貼近生活，也更易為美國人所接受。理性與實用又一次在牛仔身上結合起來。

美國詩人惠特曼是時代的詩人，他的作品深刻影響了直至今天的美國人，開啟了一代風尚。他的詩作中也時時體現出英雄主義傾向。

在一首題為《我歌唱「自己」》中，惠特曼寫道——

> 我歌唱「自己」，一個單一、脫離的人，
> 然而也說出「民主」這個詞，「全體」這個詞。
> 我從頭到腳歌唱生理學，
> 值得獻給詩神的不只是相貌或頭腦，
> 我是說整個結構的價值要大得多，
> 女性和男性我同樣歌唱。
> 歌唱飽含熱情、脈搏和力量的廣闊「生活」，
> 心情愉快，支持那些神聖法則指導下
> 形成的、最自由的行動，
> 我歌唱「現代人」。❸

在這裡，惠特曼回答了他在《自己之歌》中提出的「人是什麼？我是什麼？你是什麼？」的問題。在他看來，個人是組成人類社會的最高單位，社會的合理性必須以是否發揮出每個

---

❸　惠特曼：《草葉集》，趙蘿蕤譯，第七頁。

個人的最大能力、是否實現了每一個人的最高人格為判別標準。而在美國人眼中，美國正是一個提供了這樣的可能性中最理想的國家，即英雄的國家。

如果說在傳統的英雄主義精神中，美國人關注的焦點是「正義」與「財富」，那麼，美國現代英雄主義的基本概念仍然是這兩者：所不同者在於，當代美國人把這兩者直接體現於高度發達的技術之中。現代化的工廠、商業大廈、銀行是美國人英雄主義得到滿足的基本條件。「正義」與「財富」的範圍也已經是世界性的。最大的經貿國家，最先進的技術武器，美國不再只是清教徒的美國，不再只是牛仔的美國，也不再只是北方工業家與南部種植主的美國，而是世界的美國；他們要以自己的方式，把自己的「民主」與「自由」強加於其他民族，他們要擔當起救世主的責任。

無論如何，只要時代仍以技術為發展的根本動力，那麼美國人的英雄主義觀念就不會衰落，美國人的英雄角色觀念也將抵擋住各種來自另一面的思想之衝擊；夢想與現實將始終是美國人賴以生存的兩大智慧。

英雄死了

隨著鍍金時代的逝去，人類經歷了兩次空前的災難。這對美國人而言，則不如說在更大程度上是經歷了巨大的精神浩劫。特別是在第二次世界大戰之後，美國社會的技術化發展達到登峰造極的程度，而美國對整個世界的影響力亦日益增強。

然而，正是在這種繁榮之中，人們開始反思物質文明給人們帶來的無窮災難，開始反思人類文明的前進方向，也開始對

美國精神中開拓性的英雄主義提出了質疑。尤其是六十年代，成為美國文明史在本世紀的一個分水嶺。搖滾樂、嬉皮士、同性戀、吸毒等不僅僅是作為某種特例的社會現象，而是作為與六十年代末的世界性學潮具有同樣精神普遍性的文化現象而出現的。表面上，這種文化體現的是某種與傳統之間的斷裂，而它更內在的意義則在於人們對於所置身於其中的世界感到疑惑，對於人們自身的處世方式感到疑惑，最終是對於人們的存在本身感到疑惑。

在這種疑惑傾向普遍籠罩之下，美國人對上個世紀體現在傳統（西部的開拓傳統、南方的貴族傳統）之中的英雄主義產生了自然的對抗；這種對抗集中體現的場所便是藝術作品，特別是文學作品。在大量的美國當代詩歌、小說、戲劇等文學作品中，我們看到的不再是傲然屹立，強力施用自己意志的美國英雄形象，而只是日常生活之中的普通人形象，他們常常是生性敏感、脆弱，不為世事所容，他們身上處處體現出對文明社會的反抗精神，但這種反抗又常常最終以逃避告終。這是無奈、依戀的對抗。

索爾・貝婁是繼福克納與海明威之後，美國現代最重要的小說家之一。在四十多年的創作生涯中，貝婁出版了《晃來晃去的人》（一九四四）、《奧吉・瑪琪歷險記》（一九五三）、《雨王漢德遜》（一九五九）、《赫索格》（一九六四）、《賽姆勒先生的行星》（一九七〇）、《洪堡的禮物》（一九七五）等長篇小說，以及劇本《最後的分析》（一九六五），遊記《耶路撒冷來去》等。在這些作品中，貝婁塑造出一個個典型的反英雄（anti-hero）形象。

這類反英雄形象在藝術上的典型性恰恰在於其在社會中的非典型性，即普遍性，正如貝婁在長篇小說《赫索格》中所塑

造的大學教授赫索格的形象。

　　小說的情節十分簡單。六十年代的大學教授赫索格（編按·台譯何索）為人善良、敏感，以理性與人道主義為生活原則。但他卻無法適應那個紛亂的社會。兩次結婚、離婚，妻子與朋友私通，喪家失子。這一切都將他推向瀕臨瘋狂的邊緣。他拼命地思考與寫信，給活人與死者，但又並不寄出。他與花店女主人有著若即若離的曖昧關係。他試圖對前妻的情人行凶，卻又因女兒而喪失勇氣。最後，他又想以在自然中孤獨的生活來擺脫現實的世界。

　　作品中反映出的人道主義危機正是美國社會今天的現實危機。在這個技術高度發展的社會之中，人的概念本身已經發生了深刻的變化。「崇高的理想」、「高尚的道德」再也無法支撐這個隨時處於失業、犯罪、民族衝突，甚至戰爭威脅之下岌岌可危的世界。人類的道德在這個現實世界面前被碰得粉碎。人們生活在無所依托、無所寄居、空蕩蕩的世界中。這種精神的匱乏與喪失正是人格支離破碎的現代人的寫照。作者藉主人公之口喊出了：

　　「我的天哪！這個生物是什麼？這東西認為自己是個人。可究竟是什麼？這並不是人，但它渴望做個人。像一場煩擾不休的夢，一團凝聚不散的煙霧；一種願望。」❹

　　正是在這樣的社會中，在這樣的文化背景下，英雄死去了。而這種英雄主義的衰落卻正意味著人人都可以成為英雄，成功地成為精神世界中的英雄。但這種成功的代價卻是人與人之間的緊張關係，人與社會之間的對抗關係。在這一關係中，人成為孤獨者，成為只能與自己對話的獨白者。

---

❹　〔美〕索爾·貝婁：《赫索格》，宋兆霖譯。

在貝婁的小說中，大多數主人公都是世界的旁觀者，他們不願無動於衷地受制於這個異化的世界？他們厭惡這個被「文明」污染了的星球，但又無法擺脫這一切，只能借助於幻想而超然於現實之上。

赫索格，這個善良而敏感的知識分子形象正是這樣一個典型的反英雄形象。他不願與這個虛偽的世界和解，不願失去人格的完整，於是他成為世界的思考者與質疑者。這正是他的悲哀所在。他試圖維持的那套價值標準在他眼前被社會活生生地吞沒了，真理的秩序不等於生活的秩序，於是他不得不求助於遁世。這種看似回歸自然、超凌世俗的幻想，實際上是使人成為孤獨者、成為非社會化的個體，最終成為另一種異化。在小說最後，作者寫道：「現在，他對任何人都不發出任何信息。沒有！一個字都沒有！」

《麥田捕手》是美國「遁世」作家沙林傑的名著，自一九五一年發表之後，迅速風靡美國，影響了一整代美國青年，成為戰後美國文學的經典之作。

傑諾・大衛・沙林傑在書中塑造的十六歲中學生霍爾頓・考爾菲德的形象是另一種類型的反英雄形象。

霍爾頓在第四次被開除出學校之後，隻身在紐約遊蕩了一天兩夜。他逛夜總會，酗酒，去電影院消磨時間，濫交女友，甚至找妓女……

作者以第一人稱，通過青少年口吻敘述全書，使用了大量的俚語和口語，創造了一種全新的藝術風格。

霍爾頓不求上進，逃學、抽煙、喝酒，是一個典型的壞學生形象。但在另一方面，他卻處處顯露出純樸、善良與敏感。他以不讀書來對抗現行的教育制度。在他的遊蕩經歷中，他看到的是種種醜惡的社會現實。他總是在不斷逃避，同時卻又不

斷屈就。不是別的，正是這樣的社會塑造了霍爾頓這樣的一整代青少年。他們有著強烈的叛逆性格，但大都又不得不對現狀妥協。在這種叛逆與妥協的性格中，我們看到的不是一個英雄，而是一個苦悶、彷徨、內心脆弱、無處駐足的少年形象。但他卻仍有著自己模糊的理想——

> 不管怎樣，我老是在想，有那麼一群小孩子在一大塊麥田裡做遊戲。幾千幾萬個小孩子，附近沒有一個人——沒有一個大人，我是說——除了我。我呢，就站在那混帳的懸崖邊。我的職務是在那兒守望，要是有哪個孩子往懸崖邊奔來，我就把他捉住——我是說孩子們都在狂奔，也不知道自己是往哪兒跑。我得從什麼地方出來，把他們捉住。我整天就幹這樣的事。我只想當個麥田裡的守望者。❺

這個「守望者（捕手）」的形象代表了美國的整個時代。在那個時代中，人們承受著物質文明極度發展的壓力，更承受著精神上的巨大壓力；人們看到的是一個虛假而貧乏的世界，這種空氣籠罩在每個人的心靈上。即使有人看到了這一切，試圖反抗，尋求出路，但這些一度信誓旦旦要改變世界的人最終仍逃不脫沉淪或遁世的結局。在他們身上，人們看不到那種酣暢淋漓地反抗暴政的英雄，所看到的只是一些掙扎於文明社會中絕望而孤獨的個人。

美國人善於以文學的形式顯示出他們的內在精神，反英雄形象便是這種智慧的產物。它所體現出的精神正是現代社會中

---

❺ 〔美〕沙林傑：《麥田捕手》，施咸榮譯，第二二〇頁。

美國人的精神。然而，即便在這一形象中，人們也不難找出傳統精神所留下的痕跡，這往往是在背後最終支撐著人物形象的內在元素。正是這種東西，引導著人物，甚至作者、讀者去尋求並探索一個更完善的社會，去實現一種更完美的人格：這正是英雄主義本身。

貝婁獲得諾貝爾文學獎，在受獎演說的最後曾說過這樣一段話：「還是康拉德說得對：藝術試圖在這個世界，在事物以及現實生活中找出基本、持久、本質的東西。」❻這始終是美國人引以為榮之事。

電視製造觀眾

「電視開創了另一個世界。」今天的美國人都會這麼說。與照相機及留聲機不同──拍照必須等照片洗出來，才能看到上面的景物；使用留聲機也必須事先知道唱片的內容而有選擇地播放──電視機卻能夠使觀眾在足不出戶的情況下，真正體驗到整個世界。這種影響是除了汽車之外，其他發明根本難以達到的，從而這種影響也就成為世界性的。因為這種機器體現了現代人的一個根本特徵：此時此刻。

每當夜幕降臨，人們在一套套相互隔絕的寓所中，同家人一起坐在閃爍的電視機前，體味著這小小的螢光幕所展示出的世界的各種變化。這種情形常令人想起人類的祖先在穴居時代圍火而聚。那時，人們聚集在一起是為了得到安全、尋求溫暖。而今天，人們則更多地在體驗做旁觀者的滋味。「做旁觀

---

❻　索爾・貝婁；《受獎演說》，引自《赫索格》，宋兆霖譯，第四九三頁。

者」，在這裡僅僅意味著休息與角色的轉換。

在美國，以看電視作為休息，已經失去休息的原初含義，這種休息僅僅還具有一些消除疲勞的作用。生活節奏的日益加快，使得人們對獲得信息的速度及方便的要求越來越高。而同時兼有音響與畫面效果的電視機正好適應了這一需求。新聞、氣象預報、購物廣告等等信息，人們更多地是從電視上得到的。即便不是為了得到這些信息，成千上萬的美國人還是會每天花幾個小時坐在電視機前。曾經有人做過一個實驗，在幾個家庭內拆除電視設備，一周以後再重新裝上。結果，在這一周內，這幾個家庭內部的相互埋怨、吵架頻率升高。尤其每天晚上，不論成人或兒童，大都感到煩躁不安，無所適從。這種小機器居然成了家庭的靈魂；「休息」居然成為一種義務。

從前，看表演意味著觀看者在現場觀看。在教堂中、在音樂會上、在賽場中，置身於眾多互不相識的觀眾之中，人們卻會為同一表演而感歎、喝彩、鼓掌或報以噓聲。這裡體現出來的是真正的集體意識。這種集體意識無疑會使表演更加活潑而有趣味。但在今天，這種集體已經被一個個相互根本就沒有意識到對方存在的孤單的電視觀眾取代了。這個電視觀眾儘管同樣能為電視中的場面而歡喜、悲傷，甚至大聲叫罵，但除了對他的情感瞭如指掌的家人之外，再也沒有別人會聽到了。陌生才能構成集體，既然熟悉取代了陌生，那麼個體也就已經取代了集體。

集體意識的喪失不僅表現在觀眾與觀眾之間的隔離，也表現在觀眾與表演者之間的隔離。觀眾坐在電視機前是為了分享人們的經驗，但這種分享經驗的方式卻使得成百萬上千萬的美國電視觀眾隔離了。他們所能做的只是看，他們無法表達自己的情感於大眾之中，所以他們至多是個獨白者。電視原來是想

把文化變成大眾文化，但在這同時，文化卻難以令人置信地私人化了。

另外，電視的觀看效果也與一切現場觀看不同。人們在日常觀看事物之時，大都根據個人眼光，從個人特定的立場對事物做出具體的價值判斷。而電視則基本上是從多方面著眼；為了避免畫面及效果的單調乏味，攝影機總是時刻變換著角度以適應大眾的口味。特寫鏡頭充斥著螢幕，使得電視觀眾比現場觀看比賽的觀眾看得更加清晰；精緻包裝的商品廣告隨時會進入人們的視線；嘩眾取寵的多集連續劇將日常經驗描繪得光怪陸離。這一切都使得真實世界籠罩在電視經驗之中，電視機的這種此時此地的效果使得日常經驗與電視經驗之間的距離消蝕殆盡，大眾文化作為一種娛樂型文化的宣傳效果在電視中展現得淋漓盡致。大眾意識形態通過娛樂性的電視劇、廣告、體育比賽、新聞報導，甚至更為直接的教育節目而滲透到成千上萬的電視觀眾中。從來就沒有一種機器曾經具有過如此奇妙的感召力。

在電視文化的灌輸下，人們對日常生活中的價值取向也日益趨於大眾化，趨於同一化。電視卡通片既適於兒童，又適於成人，正反映了意識形態強大的宣傳攻勢甚至已消滅年齡間的差別。電視特有的此時此地的奇妙效果令觀眾興奮、激動，並有成就感，而一旦這種從宣傳中得來的成就感施用於日常生活之中，就使得生活經驗本身模糊化。在這一過程中，角色扮演便具有了角色創造的意義。

電視機創造了奇蹟，它的發展及普及速度使得它能夠在短短數十年內征服了美國人，改變了美國人的整個生活。在電視文化的滲透下，美國人對於自己在生活中所扮演的角色開始根據大眾文化的需求而加以控制、轉變，或者是以固有文化模式

為反抗對象而加以對抗並在此過程中參與「新角色」的扮演。總之，角色創造代替了角色扮演，電視觀眾從來就不僅僅是「旁觀者」。

其實，並非電視文化導致了美國人的角色轉換，而是日常生活本身使這種轉換成為可能，電視經驗只是生活經驗的一個部分。對於美國人而言，日常生活經驗的一個最顯著的特徵便是——消費。

在這裡，消費是指大眾消費。大眾消費在本世紀二十年代的興起主要歸功於技術革命；另外還借助於：採用流水線裝配作業，產品大量生產而使成本降低；消費市場本身的巨大發展；分期付款購物法的推廣；等等。

正是這些，使得大眾消費成為可能，使得汽車在今天取得了普遍的統治地位。大眾消費在很大程度上導致了消費型文化的發展。由於現代技術（汽車、電影、無線電等）和商業（廣告術、信用賒買、一次性商品等）的發展，使得消費的領域幾乎無限制擴展，由此帶來的文化則更具有普遍滲透性。這種文化代表著全新的生活方式，它在消費者與整個世界之間打開了可能性的大門。人們從此不再以傳統的道德規範約束自己，人們在消費過程中的展示和炫耀成為一切成就的標誌。

在這種消費型文化的籠罩之下，人們在角色創造過程中的創造性也逐漸失去其原初的含義，而越來越具有「隨從」的意義。在電影、電視和廣告的引導之下，「創造」喪失了獨立性。這種引導首先在衣著、舉止、飲食和趣味等方面改變人們原有的習慣，接著便根本性地在家庭結構、社會道德和個人成就等方面產生影響。人們打破了舊有的習俗，卻愈來愈屈從於新的習俗。

人與角色的斷裂

角色本身不是一套正式規定的責任，而是一套約定俗成的行為模式，它往往是人們日常生活的一個側面。這裡就涉及了「角色」與「人」兩個概念的關係問題。在現代社會，「人」的概念常常表現為「自我」的概念。行為者總是力圖通過加強「自我」概念來表現自己，並通過行為暗示來互相賦予角色。以往，人們關注的總是「自我」如何符合角色，如何通過縮小「自我」與角色之間的差距來緩解社會化行為的壓力；而今天，人們所關注的只是「人」與角色是如何斷裂的。如果說前者涉及的是「人」與角色間是如何符合的問題，那麼後者發問的便是「人」與角色是否符合。

美國的二十世紀「六十年代」正是這樣一個人與角色斷裂的時代。對美國人而言，「六十年代」不只是一個時間概念，更是一個文化概念，它是美國文明在本世紀的一個分水嶺。即便從時間上講，「六十年代」的範圍也應以五十年代後期一直延續到七十年代。在這個時期內，美國發生了影響深刻並被大肆宣揚的文化與政治運動。這場運動所展現出來的文化變革可以用多極化、喪失中心等來概括，但「斷裂」概念則更為確切。

美國當代社會學家丹尼爾·貝爾認為，角色與人在當代社會的斷裂是由於角色專門化所致：「我認為，顯而易見的是（按照韋伯的觀點），現代社會強行促成一種狹隘的角色專門化。一度曾以家庭為中心的廣闊生活範圍（工作、娛樂、教育、福利、健康）日益被一些專門機構（企業、學校、工會、社交俱樂部、國家）分別占領了。角色的限定（我們戴的許多頂不同的帽子）變得更加明確，在關鍵的工作領域，任務與角

色業已高度專門化。」❼

　　正如貝爾所說，現代人在作為消費者而活動於消費領域之中時，有著較為寬廣或獨有的生活方式，即「社會流動性」較強，而等級制度、工作的專門化、定額制度等規定則使角色日益專門化。正是這對矛盾，使現代人自我分裂的意識日益增強。

　　分裂意識始終是由藝術領域承擔起先鋒的角色，在美國更是如此。從艾倫・金斯堡的詩到猶太作家群，從黑色幽默到搖滾樂，從實驗作家到學潮，這一切都將這場文化變革從一個高峰推向另一個高峰。

　　金斯堡在五十年代是作為一名滿腔怒火的預言家登上舞台的。他向美國喊道：「吃人的世界」。而到了六十年代，他卻成為一個善於忍耐、富有魅力和願意妥協的人。這種變化本身正是這場文化運動的表現。

　　他在下面這首題為《日落》的詩中，表達出普遍的分裂意識——

> 當整個朦朧的世界
> 滿是煙和蜷曲的鋼
> 圍繞著火車車廂中
> 我的頭，而我的思想
> 穿過鐵鏽，漫遊於未來
> 我看到一個利欲
> 熏心的原始世界上

---

❼　〔美〕丹尼爾・貝爾：《資本主義文化矛盾》，趙一凡、蒲隆、任曉晉譯，第一四一頁。

・艾倫・金斯堡（1926-1997）

太陽落下，讓黑暗
掩埋了我的火車
因為世界的另一半
在等待著黎明的到來[8]

　　保羅・古德曼這位在哥倫比亞大學的學生造反運動發生前
七年便對它做出透徹分析的演說家曾自問道：「我為什麼要

[8]　《美國現代詩選》，趙毅衡編譯，第五二四頁。

去？啊，我為什麼要去？並不是為了錢，也不是為了出風頭。我去是因為他們邀請我。既然當初我被逐出社交界而老是苦苦抱怨，現在人們請我參加，我又怎能粗魯地加以拒絕呢？」❾

對這位才華橫溢而又始終充滿激情地出現在人群中的文化英雄，迪克斯坦評價道：「如同艾倫·金斯堡，古德曼在六十年代不僅僅是一名作家，他是一個無孔不入和無法避開的存在。在六十年代，詩歌和理論都與魔鬼訂立了契約，並遵從馬克思不僅解釋世界，而且改造世界的勸告，深入到街頭群眾之中。」❿

在這裡，實質上已經涉及到兩個日益模糊的概念——現代主義與後現代主義。由於這兩個概念本身之巨大，要全面解釋是十分困難的，這種困難更在於這兩個概念本身仍在不斷發展、轉變和滲透。但是如果從現代人的「自我」與「角色」的斷裂這個角度來看它們之間的區別，仍是有線索可尋的。

現代主義作為一種文化運動，已經持續了一百多年。「否定」與「反抗」似乎是這一運動最明顯的標誌。在漫長的文化歷程中，它總是作為一種先進意識而不斷地向固有的社會結構發動進攻。秩序、權威始終是它的敵人。它要求抹煞一切審美距離而關注當下的存在，要求堅持自我的絕對超越和無限性。

正如歐文·豪在《文學和藝術的現代思想》中所說的，現代主義「存在於對流行方式的反叛之中，它是對正統秩序永不減退的憤怒攻擊。」現代主義注重現在而非過去，它站立在歷

---

❾　〔美〕莫里斯·迪克斯坦：《伊甸園之門——六十年代美國文化》，方曉光譯，第七十五、七十六頁。

❿　〔美〕莫里斯·迪克斯坦：《伊甸園之門——六十年代美國文化》，方曉光譯，第七十五、七十六頁。

史的巨大裂隙之中而宣稱超越的無限性。而六十年代興起的後現代主義則將這一傾向推向了極端。米歇爾・福科、羅蘭・巴特、威廉・讓・熱奈、諾曼・梅勒這些文化探險者打破了一切處於「中心」的東西。現代主義儘管始終要求打破秩序，但它所借助的原則、邏輯卻仍屬於原有的形式，它的對抗僅僅是直接的對抗，所以它多少仍帶有以否定來肯定的意味。而後現代主義則直接奠基於超越，與原有秩序根本脫離；或者說它不屑於與原有秩序相對抗，或者說它已經把原有秩序「異想天開」地融入自身之中。它根本抹煞了事物的界限，抹煞了知識與活動的界限，抹煞了藝術與生活的界限。文明的標誌不再是發展而是衰落：先鋒派不復存在，因為它自身的泛濫將它消耗殆盡；現代主義也逐漸失去了它存在的根基──反抗與否定的對象。由此，人與角色的斷裂無可避免地產生了。

從現代主義向後現代主義發展的趨向來看，這種文化是消費型文化，從而也就是大眾文化；人與人及角色與角色之間的交往日益顯得更為根本。

為了緩解角色與角色之間及人與角色之間關係的緊張趨向，消費本身承擔了愈來愈重要的任務。但是消費自身的發展卻又恰恰是產生角色與人之間脫離的根源所在。這對矛盾是現代社會面臨的迫切問題。另一方面，為了緩解角色與角色之間關係的緊張，角色公式化、程序化也是當代社會的一種措施；但是，消費社會中的人卻注定是片面而多重性的。這對矛盾更加劇了上述的脫離趨向。

總之，斷裂不是超越經驗，而是經驗本身的斷裂。角色與人之間的斷裂則是整個文化的歷史之斷裂的表現。

Chapter 4
放大的智慧

　　「放大的智慧」這種說法得益於兩種考察的角度：首先，就思想和行為的結果來看，人類的許多發明、創造都是人的智慧向廣闊的空間無限延伸和拓展的結果，放大的智慧也就表現為這種無限延伸和拓展之後的最終形態；其次，就思想和行為的過程來看，放大的智慧更是一種變動不居（事物不斷變動，沒有固定形態）的演算展示的過程。

　　因而「放大的智慧」應該更確切地被稱作「智慧的放大」。放大是人類智慧的一種自由運作過程，通過它，人類能夠通達一切可能的領域，從而窮盡富於價值的所有可能性。

實踐的智慧

　　人類的智慧一般總是同相應的特定觀照對象關聯著。在這種意義上，智慧便可以依據觀照對象的性質特徵歧異而劃分為理論的智慧和實踐的智慧：凡以普遍永恆的不變存在作為觀照

對象的智慧就是理論的智慧；與此相對應，凡以特殊即時的變異存在作為觀照對象的智慧就是實踐的智慧。早在古希臘，亞里士多德就提出了這一深刻的劃分❶。亞氏認為，實踐的智慧（phronesis）比起理論的智慧（episteme)，更能夠成為人類理想目標的現實推動力量。因為正是這種實踐的智慧，要求人們在特定的具體情境中不斷根據存在物的變遷來作出審慎的思考，要求人們在錯綜複雜的關係中不斷根據對象的衍化去作出完善的選擇，以便達到至善至福的目的。

這種體現在人們日常生活具體行為之中的思考與選擇，所顯示出來的正是實踐的智慧。也正是由於這種智慧直接面對的是人們此時此地的現實生存狀況，所以它才更加能夠體現出作為特殊存在的人之本質力量。

理論的智慧則執著於尋求和制定不變的規律和永恆的準則，把人的思維活動和生命活動加以程式化和固定化，從而支配人類的科學認知活動、甚至藝術創造活動。這種意義上的理論之智慧的依據是確定性的理想。正是根據這種理想，它往往幻想著能夠通過高度抽象的思維活動，得到一種確定不移的真理，並達到這種真理的固定程序；而人們遵循這種程序，便可找到一塊安身立命的堅實土地。然而，這種一勞永逸的幻想最終成為不可能。它試圖以確定性去澄清人類所面臨的問題，殊不知，這種確定性本身也尚待澄清。

美國的實用主義思想家特別反對理論與實踐的這種抽象分離。杜威便認為，以手段上便利的方法替代科學抽象的方法，以智慧替代理性的時代已經到來，理論的智慧作為一種執著於確定性頑障的智慧，實質上已經不能成其為一種智慧，而至多

---

❶　參見亞里士多德：《尼各馬可倫理學》，苗力田譯。

只不過可以算作一種科學的認識方法。真正意義上的智慧則應當是「由過去經驗所產生的具體暗示，依照眼前的需要和欠缺而發展、成熟，被用作特殊改造的目的與方法。」是「為對待新目的而以建設性方式使用的經驗之暗示。」❷

顯然，杜威也是把智慧看作是對達到目的的手段所作出的正確選擇。在杜威那裡，所謂「正確」就是「有效驗」和「成功」，理論、觀念和知識並不是固定的思想形態，而是在實現目的的過程中不斷克服障礙、解決問題的工具。唯有有效地達到目的的理論、觀念和知識才是真的。因之，真正稱得上智慧的必然是一種實踐的智慧。

「實踐的智慧」破除了確定性的頑障而保留了它的夢想。在這種智慧所耕耘的土地上，真實地存在著歡悅與悲傷、榮譽與恥辱、成功與失敗；這才是人類置身於其中的世界，是人們安身立命的場所，因為這裡展示的是美好的希望。可能性的領域被打開了，確定性作為美好的夢想，只在其被不斷消解的過程中生根。

實踐的智慧是一種關涉運動與變化的智慧，它既反映了存在物運動變化的固有屬性，又反映出思維的靈活性。換言之，實踐的智慧所關聯著的存在物之變化，同時為這種智慧本身的張弛屈伸提供了切實的可能性。中國的哲人說：「大丈夫能屈能伸。」這種屈伸應該被理解為首先不是一種生理上軀體的屈伸，而是一種屈伸的運思和智慧的張弛。大和小是事物存在的固有屬性，它們標明了存在物朝著不同方向變化發展的相對可能性，放大與縮微相應地也便成為實踐之智慧的基本功能之二。這也就是說，實踐的智慧不可能執著於它所觀照之存在物

---

❷　杜威：《哲學的改造》，第九十一頁。

的固定性狀特徵，而總是把運思的觸角向宏觀和微觀兩個維度不斷伸展，從而改變著存在物的原有呈現形態，使世界展開其別有一番的面貌。

這種過程實際上是實踐的智慧對於它所面對的存在物的再加工過程。在這種再加工中所體現出來的對於對象原有性狀的否定便成為對於實踐的智慧本身的肯定。同時，這種否定也由於其本身的創造性特徵而成為善的否定。從此，對象不再是決定人們認識的最終因素，更不可能是決定人們現實行為的唯一原因；毋寧說，它的功用在於啟思。只有在這種理解活動中，歷史和物理才終於掙脫機械論的鐐銬而成為歷史學與物理學；人類才不再被捆綁於狹隘理性的十字架。而承擔起解放的責任，作為人類精神之劍的正是實踐的智慧，它替我們打開的是一個充滿活潑、靈動之智慧的可能性空間。

杜威學校：放大的社會

《聖經》說：「對主的畏懼是智慧的開始。」

按照歐洲中世紀神學大師托馬斯‧阿奎納的解釋，這裡的「畏懼」並不是一種心理狀態上的「怕」，即奴隸害怕主人懲罰時的那種心理活動和心理狀態，而是子女對家長的一種敬畏之心。西方基督教思想根深柢固地認為：智慧是上帝的屬性和主的專利，人不可能擁有哪怕是一星半點的智慧；人只有通過「愛智慧」或追求智慧，才能逐漸消除敬畏之感，從而沐浴在上帝的智慧之光中。

所謂「愛智慧」，也就是虔誠地聆聽上帝所演示的旨意。上帝無時無刻不在演示著自己的旨意，但直接把握上帝的旨意

卻不是人可為之的。《聖經》的解釋權並沒有普遍地授給每一個個人，而是特許給教士與神學家，有知識的高級僧侶便成為知識的壟斷者和真理的看護者。這種思想淵源的一個直接後果就是發展了學校和教師的重要性，並且使得灌輸法成為西方傳統教育的一條主要途徑。

其實，這種灌輸式的教育方法可以追溯到西方思想的源頭——古希臘思想。在那裡，先哲們對教育的論述深刻地影響著後世的人們。柏拉圖正是這樣一位站在源頭講話的思想家。在《國家篇》中，他提出了著名的洞穴比喻來論述其教育思想：在地面下有一個洞，洞穴有一條長長的通道斜通地面。在洞的最末端有許多生來就被捆綁在那裡的人，他們背向洞口。在他們後面是一堵牆橫貫洞中。沿著牆外有一條路，路上來往者擔荷著各種器物。在路與洞口中間燃著一團火，火光將那些移動之器物的影子射到洞的後壁。（參看下圖）❸

柏拉圖把這些被囚於洞底的人們比作未接受過教育的人。他們在洞中唯一能見到的只是器物的影像，但卻把它們看作是唯一真實的事物自身。緊接著，柏拉圖又講述道；如若有人將囚徒中某人桎梏解除，並告訴他，他過去看到的只是虛假的東西，再引導他走向地面，那麼，這個人在走向洞口的過程中，由於不習慣於光亮而將忍受很大的痛苦。當他走到地面上後，起先只能觀看物體及太陽在水中的影像，然後逐漸適應觀看物體本身，直至直接觀看太陽。此後，他才作為一個受過教育的人，返回洞穴之中去解放其餘的囚徒。

儘管對於柏拉圖洞穴喻的解釋各不相同，但是它對於後世產生重大影響的還是他所引導的教育思想。在比喻中我們可以

---

❸　參見汪子嵩、王太慶編《陳康：論希臘哲學》，第六十二頁。

```
　地面　　　　　　　　　路
┌─────────────────────────────┐
洞口　　　　　　　肩　　　　　被　　洞
　　　　　　火　　負　來　×　綑　洞
　洞斜　　　　　　器　於　×　縛　中
　中路　　　　　　物　路　×　於　的
　　　　　　　　　往　上　　　　人
　　　　　　　　　…　者　牆　　　壁
　地洞
└─────────────────────────────┘
```

看到，那位從洞底走出洞口，來到地面上的人是被人解放的，也是被人引導的，而當他看到太陽之後，返回洞穴去解放其餘囚徒所要承擔的也將是引導的任務。所以，教育者的工作是引導而非傳授。令人遺憾的是，在很長一段歷史時期，人們仍將教育看作單純的傳授。如果說引導所體現出的是實踐的智慧，那麼簡單傳授所體現出的正是理論的智慧。

　　傳統的灌輸式教育方法壓制了兒童個性的發展自由。杜威認為，工業革命和知識革命導致了原有知識階層的非權威化以及知識在民主社會空氣中的液化，教育民主化已經是勢在必行。「改革的目的並不是要把各種知識累積得比以前更多，不過是試圖養成學生一種態度、一種興趣，使他們知道觀察事物、處理事務的方法。」❹

　　在杜威實用主義的思想框架裡，教育就是要使人類與生俱來的能力得以生長（柏拉圖便認為，人的心靈天賦地具有獲得知識的能力而非知識的內容），因此教育的過程首先就是一個

---

❹　杜威：《明日之學校》，第二二四頁。

生長的過程。教育必須恪守「兒童中心」的原則，因為兒童的本能是在具體現實的生活過程中生長和展開的，生活乃是本能生長的社會性表現。當人們一般地說「社會是學校」時，仍然蘊含著把傳統學校裡正規的讀、寫、說模式複製到整個社會生活領域中去的內在要求。這種要求體現到具體行為中時，便成為「以社會為學校」的本意之否定。

所以，在杜威看來，「社會是學校」與「學校是社會」兩者之間應該完全是等義的，在這裡並不存在著權威性的單極。學校本來就是同現實的社會制度和社會環境協調一致的，學校教育本身就是社會生活的一種形式。正是在這種意義上，「社會是學校」。

與傳統的西方教育思想相比較，杜威教育改革的思路實質上是一條智慧放大的思路，即把傳統正規學校的教育形式擴展成作為一種一般社會生活方式的教育。這一擴展所體現的內在意義便是對於人類生活整體經驗的尊重。

事實上，「經驗」這一概念自始至終都是作為貫穿起杜威思想的核心概念。按照杜威本人的解釋，「經驗」是有機體同其周圍的環境相互作用、相互影響的結果，教育則是對人之經驗的不斷改造和重組，一切學習都要向經驗學習。兒童成長過程中的一切知識均來源於其親自參加各種活動所獲致的直接經驗。

瑞士心理學家和發生認識論者皮亞傑便曾對此有過詳盡的論述：「我們可以說，這個年齡的兒童還不能用言語表達他的思想而仍處於行動和操作的境地……有一種『實踐性的智力』，在二至七歲之間起著很大的作用。一方面，它是言語前時期感知運動智力的延伸，另一方面，它又為成人期將發展出

來的觀念作好準備。」❺

在杜威看來，教育不僅僅是「兒童中心」的，而且是「社會中心」的經驗過程，「從做之中學」是一條特別富有意義的教育原則。

上述的教育改革思想無疑得益於杜威早年在佛蒙特州柏林頓市郊的村莊生活經歷。為了補充、發展和檢驗自己的教育思想，杜威還在芝加哥大學創設了「杜威學校」，對自己所提出的工作假設進行實驗。

「杜威學校」初名為「大學初等學校」，後又稱「芝加哥大學實驗學校」。一八九六年開學時，最初有學生十六人、教師三人。到了一九〇三年，學校發展成學生一〇三人、教師廿三人、助教（研究生）十人的初具規模的教育場所。作為杜威教育思想的實驗室，學校的教學實驗工作由杜威親自設計和主持。教學分三個階段循序進行：四到八歲為遊戲階段，八到十二歲為學習技巧階段，十二歲以後為學習不同性質的專業和藝術階段。從中等教育開始，每個階段的學生分成若干小組，以代替傳統學校中的「分級」制。

實驗學校所致力研究的主要問題是學校與社會的關聯問題。杜威力圖把學校從「僅僅是學習功課和獲得某些技能的場所」建設成為「一種社會生活的形式」，把學校中的研究學習活動與在豐富而有意義的社會環境中進行校外生活活動所得到的教育同化起來。

杜威認為，只有當學校本身是一個小規模的合作化社會

---

❺　大衛・埃爾金德編：《皮亞傑六篇心理學研究論文》，傳統先譯，第五十頁。

・約翰・杜威博士（1859-1952）

時，教育才能使兒童為將來的社會生活作準備。學校要培養個
人和他人共同生活和合作共事的能力。正是在這種意義上，杜
威稱自己的實驗學校的意圖是「社會中心」的。

「杜威學校」所致力於研究的另一個重要問題是課程與教
材的組織問題。杜威試圖廢除傳統學校的課程與教材，並按照
「一切學習來自經驗」的基本教育原理編寫出一種新型的教
材。「杜威學校」裡的作業不再是讀寫和演算，而是強調動手
能力的各種活動，主要包括木工、烹調、縫紉和紡織等等。

如果說傳統的教育模式是強調師徒相傳、照本灌輸，那麼
「杜威學校」的引導式、社會化的教育則可以用「教化」一詞
概括。荀子說：「禮儀教化，是齊之也。」（《荀子，議

兵》）《禮記・解經》中也認為「故禮之教化也微，其止邪也於未形。」這個儒家用語指的是以民為主要對象的教育與感化。這種感化必須是一種實踐的感化，必須是一種社會化的感化。它的作用不在於承擔傳授知識內容的責任，而在於起到引導人們去從實踐中獲取知識的作用；這是一種啟思的作用。

可以說，「杜威學校」是人類智慧在空間領域內操作和演算的產物。由於強調經驗的首要性和社會性，整個社會因此成為一個變動不居的經驗閾限，並且伴隨著經驗的不斷積累而不斷拓展自身的範圍。「放大」這一過程作為空間領域內的一種演算過程，能夠勾勒出原型與摹本之間的比例關係。

在杜威那裡，原型是社會，是全部經驗的總和；摹本是學校，是獲得經驗的部分過程。「學校即社會」的教育原理正是反映了人們對兩者相似性的辨認能力，以及把這種相似性擴展為一致性的能力。

自傳：放大的人生

如上所述，放大是一種空間性的智慧，而人對空間的感知，首先是一種視覺上的感知。

其實這種「視覺中心論」正是西方思想的一個主要傳統。亞里士多德說過：「求知是人類的本性。我們樂於使用我們的感覺就是一個說明。即使並無實用，人們總愛好感覺。而在諸感覺中，尤重視視覺。無論我們將有所作為，或竟是無所作為，較之其他感覺，我們都特愛觀看。理由是：能使我們認知事物，並顯明事物之間的許多差別，此於五官之中，以得於視

覺者為多。」❻

　　人類最重要的思維運算能力，首先直接來自於人們對世界的知覺，其中視覺又是最主要的感覺系統，它促進並重要地構成了人的認識過程。但是人們除了具有承擔視覺任務的生理上的眼睛之外，還具有另外一雙眼睛——「心靈的眼睛」。

　　心靈的眼睛洞察事物，返照自身。但是人們要使這雙心靈的眼睛睜開，就必須學會思考，學會真正地觀察他所面對的世界。阿那克薩戈拉在其留下的著作殘篇中就曾說過：「可見的東西使我們的眼睛對不可見的東西睜開了。」❼這裡所指的眼睛就是心靈的眼睛，它所觀照的對象是現象背後的東西，是不可見的東西。

　　美國著名的心理學家、美學家魯道夫・阿恩海姆認為：人的概念脫離了知覺，導致「思維只是在抽象的世界中運動，從而使得眼睛退化為純粹是度量和辨別的工具。」❽

　　因此，如同人的語言智能並非完全依賴口耳渠道而可以在聾啞人身上發展起來一樣，人對於空間的感知能力也可以在被剝奪了視覺交流模式的某一個體身上發展起來。其根本原因在於人心並不是一塊被動接受物象的明鏡。即使在所謂標準的觀察活動中，「視覺形象永遠不是對於感性材料的機械複製，而是對現實的一種創造性把握。把握到的形象是含有豐富的想像性、創造性、敏銳性的美之形象。」❾視覺的創造性造成了具象和意象的區別：具象是對象本身的表象，是客體滯留於記憶

---

❻　亞里士多德：《形而上學》，吳壽彭譯，第一頁。
❼　阿那克薩戈拉：《著作殘篇》，載《古希臘羅馬哲學》，第七十二頁。
❽　〔美〕魯道夫・阿恩海姆：《藝術與視知覺》，滕守堯、朱疆源譯，引言。
❾　〔美〕魯道夫・阿恩海姆：《藝術與視知覺》，滕守堯、朱疆源譯，引言。

之中或想像之中的表象痕跡，因而是經驗性的；意象則是某種心象，甚至可以是與客體完全無關的主觀幻象。根本而言，人的感知活動中並沒有純粹的具象，而只有主觀性成分或多或少的意象。正是這一特性決定了人在把握對象世界的過程中自覺的創造性和相對性。

在這種意義上，自傳就是兼作文學作品和時代檔案的一種意象性文本。自傳作品一旦產生，它所觀照的對象就不僅僅是作者本人，歷史性、時代性必然會融於作品之中；而讀者在閱讀作品之時所讀到的也不僅僅是作者所要表達的本意，而是參加進作者的創作中去，從而將理解擴展到更加廣闊的領域之中。這正是自傳作品曾經在歷史上產生廣泛而深遠之影響的原因所在。古羅馬教父哲學的代表人物奧古斯丁的《懺悔錄》、十八世紀法國偉大的啟蒙思想家盧梭的《懺悔錄》、稍後的德國偉大詩人歌德的《詩與真》，及二十世紀法國著名作家卡繆的《墮落》都是些對時代影響深遠的自傳作品。盧梭在他那本影響了數代人，開啟新風尚的作品開頭寫道：「我現在要做一項既無先例、將來也不會有人仿效的艱巨工作。我要把一個人的真實面目赤裸裸地揭露在世人面前。這個人就是我。」❿

但是盧梭的預言並未成為現實，儘管人們所做的這些工作與盧梭所指的有所不同，但是傳記本身作為一種作品的形式風靡一時，尤其在美國，就具有一種新的意義。這些自傳既是一段歷史的記錄，同時又以小說的形式表述出作者的意圖。作為歷史，它是對人生經歷的描述，對時代特徵的描繪；作為小說，自傳又充滿了創造性，在某種程度上成為一門想像性的藝術。哈默博士在其自傳的序言中說：「在這篇自傳裡，我打算

---

❿ 〔法〕盧梭：《懺悔錄》（第一部），黎星譯，第一頁。

向你們講述我一生中經歷過的多種多樣的事。但我必須說明，我更關心的是整個經歷的涵義，而不是構成這個自傳的多個事件本身。」[11]

顯然，任何傳記都不可能是表面生活、微末瑣事和趣聞軼事的記述彙編，傳記的目的在於揭示傳記作者生活的內在涵義，並把這種內在涵義同傳記作者所處的歷史背景、時代精神相勾連。也就是說，傳記作者在描述傳主個人生活經歷的同時，不可能僅僅停留於對傳主生活中的感性材料作機械複製式的描摹，而總是按照社會生活中居支配地位的價值觀念、文化邏輯或道德準則來塑造個體形象。這其實體現了一般寫作的意義（尤其是文學作品），儘管人們可以從作品中找到「不在」的東西，從而消除作品中存在於歷史性之中的神話性語言的權勢，並暫時贏得承擔可能性職責的機遇。但這種消除與贏得最終是暫時性的，它無法擺脫意識形態的歷史性，即權勢性，從而又返回到意義的穩定性中去。

作傳的過程實際上就是通過對於個體形象加以裝飾打扮而表達社會意識形態的過程。這樣，讀者在閱讀和接受的空間中，也就能夠透過自傳這一「放大的孔」把握時代、社會、歷史與文化的變遷實質，並將自己的經驗放入這種「創作性閱讀」之中，使自己與整個社會保持默契。

自傳的發達無疑在今天已經構成了美國文化的一大顯著特徵。在美國人眼中，自我作傳並非特殊階層的特許權利，而是人人都可為之的一項民主化事業。撰寫自傳可以請他人「捉刀」，在客觀上更是大大促進了自傳的普遍迅猛發展。在美國，幾乎每隔一小段時間就有一本新的自傳擺上書架，從而在

---

[11] 〔美〕阿芒·哈默：《哈默自傳！歷史的見諺唱，雷鳴夏譯，序言。

社會中也就會增添一個人所共知的角色類型。這種通過文字的直接交流，成為美國社會注重流通、轉換的一個代表。正因如此，有許多經典的傳記才總是一版再版，傑克·倫敦的《馬丁·伊登》就曾再版超過一百次，創下了自傳體小說的最高世界記錄。

可以說，通過撰寫自傳來表現民主平等的思想也是一條最為便捷的智慧之路。自傳中所描述的是作為個體的「我」，但在「我」的背後，讀者看到的是「你」與「他」，從而是一個放大了的世界。在這個世界中，對於「我」的肯定並不意味著否定「你」與「他」；恰恰相反，只有在肯定「你」與「他」的前提之下，「我」的肯定才有可能。所以自傳中的個體是社會化了的個體，自傳對於幾乎所有階層的所有人都是開放的。

美國舞蹈家鄧肯在其自傳中說：「無論男女，只要願意如實地寫出自己的生活，都可以寫成一部傑作。」[12]哲學家和詩人、運動員和演員、政治家和囚犯、教徒和黑人、移民和印第安人，只要他們願意，都可以成為一部傳記的傳主。

各種傳記所確定的種種角色，實際上大大超過了傳主自身的教育程度、文化水平、鑑賞能力和職業等級之間的差別。正是在這種意義上，美國人威廉·迪安·豪厄爾斯把自傳稱作「文學共和國裡最民主的一個省。」由於這種特性，美國人還特別把現代意義上的「自傳」這一新文體的專利權奪到自己人手中；在他們看來，富蘭克林的《回憶錄》同盧梭的《懺悔錄》一樣開創了自傳的一代先河。而這種「專利」所表明的不是它的形式的意義，相反，它恰恰表示了對「專利」形式的否定，它所承擔的是開啟每一個個人之心靈的職責。這也正是美

---

[12] 〔美〕伊莎多拉·鄧肯：《鄧肯傳》，朱立人、劉夢臺譯，第四頁。

國人引以為榮的事。

　　自傳作為一種放大的智慧路數，不僅在於它具備了「納須彌於芥子」的包容特性（即把時代精神的精華融合於自身之中），而且在於它巨大的整合功能。現實生活之中，任何個人的生活經驗和性格都不是完整連貫而是前後矛盾的。自傳則通過其特殊的文學形式，對人物進行創造性的再加工，使得人物性格豐富而多層面，同時又不失其連貫性與完整性，把各種事件融合於一個總的背景之中。這樣的形式不僅使讀者易於接受，同時又為讀者自己的「創作性閱讀」留下了餘地。在自傳中，我們所看到的更多的是可能性。

　　與此同時，透過自傳盡覽社會風貌的作傳主旨，也使自傳成為個體經驗與社會整體經驗相整合的一條途徑。這正是「放大」的途徑。

博覽：放大的世界

　　「精騖八極」是對於智慧放大功能的形象說明，而世界規模的大型博覽會則是這種智慧放大的產物之一。

　　現代意義上的高級博覽會是以一八九三年美國芝加哥博覽會的出現作為標誌的。在此之前的一八五三年，美國人曾以一八五一年的倫敦大展覽會為樣板，舉辦了紐約市水晶宮展覽會，企圖陳列「所有國家的工業」。結果，由於展覽場所像一座巨大暖房的建築，圓頂聯結不牢，不僅淋濕了觀眾，而且毀壞了許多件展覽品，使得這次展覽會在經濟上得不償失。

　　由此看來，展覽場所的結構和規模成了博覽型智慧張弛放大功力的限制和約定界限。儘管博覽型智慧可以把世界上的事

物分門別類地加以騰挪聚合，但作為這一智慧之表現的博覽會要想無所不包地陳列和展覽某一類事物，就不得不把展覽場所的結構和規模作為重要的參數加以考慮。陳列場所的結構和規模是作為博覽型智慧的內在因素而對這種智慧發生限制約定作用的。鑑於這種相互關聯，人們至少可以從兩個方面來實現上述限定界限的「位移」：一方面，可以發揮人的力量在某一時期的最大限度，盡可能地創造那個時代最大規模的陳列展覽場所。這是因為，使更多事物得以展覽，也就是使博覽型智慧放大張弛得更符合本性。另一方面，依據展覽場所的規模是個定數這一事實，對於陳列對象加以進一步的條分縷析，使之適應於展覽場所的規模。比如，從陳列「所有國家的農產品」到陳列「所有國家的棉花」，其本身就不失為智慧張弛屈伸的一種極好的表徵與體現。

一八七六年，賓夕法尼亞州費城美國百年國慶展覽會就是美國人首次獲得廣泛成功的大型國際展覽會。由於旨在慶祝美國獨立一百周年和醫治南北戰爭的創傷，這次展覽會主要著眼於頌揚美國人自身的創造天賦並揭示大規模機械生產的奧祕，因而它特別展示了美國人發明創造的最新科技成就：貝爾的「對話工具」、打字機、連續捲筒印刷機、自捆式收割機、韋斯廷豪斯電氣公司的汽閘、鐵路冷藏車、科利斯蒸汽機等等。❸所有這些發明創造都標誌著機械時代正在逼近人類，機器正大踏步地走進人們的日常生活。一個嶄新的技術時代正由美國人開創著。尤其值得一提的是，作為此次展覽會陳列場所的機械廳是當時世界上最大規模的，這一機械廳本身竟成了費城展

覽會最為輝煌的一件展覽物品！

　　在美國人看來，大型的國際博覽會不僅能夠展示美利堅民族的成就和榮譽，而且為整個人類提供了充滿希望的前景和目標。這種博覽型智慧所表達出的開放性與通達性也正是美國人常用以自訓的。博覽會是向全世界展現的，它不但作為一種陳列器物文化的形式，為大多數人所樂於接受，同時它也是一個增進各民族文化交流的絕好形式。在博覽會中，觀眾從中看到的不僅僅是那一台台象徵著時代尖端科技的機器，而且是各個不同國度、不同民族的精神風貌。所以說這體現了通達的智慧。而「直接性」則更能說明美國人特有的通達智慧。人們常常習慣於去尋求隱藏於事物現象背後之本質的思維方式，這本是人類特有的應該加以發揚的本能，因為這種思維方式的意義便在於創造。但是事情常常走向極端，在人們忙於尋求本質的勞作中常會忘卻那直接展現在人們面前的現象本身，並在有所創造地挖掘出事物一定的內涵、意義之後，又以這種意義反過來解釋事物本身，規定事物的原始意義與最終意義。

　　正因如此，人們從而陷入不可自拔的異化之中。於是，人們無法再面對事物本身，而是屈從於事物所體現出的模式化意義。這種意義實際上成為權勢而滲透到社會活動的各個領域，人類被縛於自己所編織的精緻意義之網中。而博覽會則是把各種各樣的實物直接擺在人們面前，而不是隱藏在含混不清的文字或圖樣之中。人們直接觀看它們，並把它們當作人自身對世界的認知能力之伸展，從而就不僅僅把它們看作僵死之物。與其說觀眾在博覽會中看到的是一個充斥著物的世界，不如說看

⓭　參見〔美〕卡羅・卡爾金斯主編：《美國科學技術史話》，程毓徵、王岱、孫雲疇譯，第一六八頁。

到的是一個充滿著人類創造力，體現著人類本質力量與時代精神的世界。在這種意義下，人與物通達了。

另外，寬容性也是這種通達智慧的一個主要方面。無論是哪個民族、哪個國度的東西，只要它們體現了時代精神，反映了民族風貌，並且存在於現實的日常生活之中，那麼就可以進入博覽會。這種寬容精神正是美國人追求的理想。

美國的大型國際博覽會之盛況，從下面的例子中也可見一斑：一八九三年世界哥倫比亞博覽會展示了照相術、整行活字排版機、電的各種實際應用等發明創造以及水牛比爾的「西部表演」等娛樂節目，以繁榮的歡樂氣氛一掃當時的金融危機給人們帶來的恐慌。一九〇四年，聖路易斯博覽會展示了蛋捲冰淇淋、刨冰、漢堡包、供遊玩的滑行鐵道，以及一百多輛大受歡迎的汽車，盡情發揮了博覽會的貿易功能。

而一九三九年至一九四〇年，紐約世界博覽會則以「明天的世界」作為主題，向觀眾介紹了尼龍、家庭空調機和電視機。博覽會上高聳入雲的尖塔和裝有未來世界模型的巨大地球成為人類追求美好生活的象徵，通用汽車公司的「未來道路」模型更是形象化地描述了未來社會的格局。其後，於一九六二年在西雅圖舉辦的廿一世紀博覽會，以及一九六四年至一九六五年在紐約舉辦的世界博覽會，也都把未來社會的圖景作為展覽的主題。

顯然，以分類排列所獲得的某一族事物作為博覽會的展示對象是博覽型智慧在空間維度上的橫向放大，而以未來社會的想像模式作為博覽會的展示主題則是博覽型智慧在時間維度上所進行的縱向擴張，其在時間維度上演示，同時又不斷地超越時間本身。

博覽型智慧既然是作為美國人運思方式的一種突出類型，

它也就不可能僅僅是通過世界博覽會才得以示範。美國人不厭其詳地製作了各種門類的百科全書、一版再版的世界名人錄以及連篇累牘的世界紀錄大全，所有這些編纂也都是博覽型智慧的產物。這種智慧不斷地突破大自然為人類所設定的界限以及人類自身的心理障礙，其巨大的功能也為解釋和理解作為一個「器物世界」的美國社會提供了一種特殊的視角。

智慧的收藏

人類對於收藏的天然愛好也是實踐的智慧放大功力的表徵。物以稀為貴，天下唯奇貨才可居之，「收藏」這項特別事業最初便是起步於人們對於稀有、珍異事物的強烈興趣與積聚和占有的慾望。這種積聚與占有後來很容易發展、轉變為攬盡天下某一類別事物的一種總體化心理，客觀上也有助於人們去不斷探索新的事物，有助於推動人們對形形色色的事物進行甄別爬梳。

「仰觀宇宙之大，俯察品類之盛。」

無奇不有的大千世界中，大至汽車、火車，甚至結構複雜的飛行器，小到圖片、玩偶，甚至只在方寸之間的郵票，貴重如價值連城的珠寶、首飾、古玩、字畫，低劣像一文不值的破鞋爛衫、廢舊牙刷，都可以發展成人們競相收藏的各類對象。物品本身愈是珍奇、稀有，它作為藏品的收藏價值似乎就愈大，兩者之間彷彿天然地存在著一種不可分割的內在關聯。這也正是吸引著全世界無數收藏愛好者，使他們為之如醉如癡的原因。

一個不言而喻的事實是，收藏總是以分類作為其基本的方

法論依據。世界原本就是紛亂雜多、混沌無序的，世界只有在人的面前（或者說只有人的世界）才可能是有序的。世界從混沌到有序的演化歷程同時就包含著人們借助於思維和語言對事物進行條分縷析的分類實踐活動。

比利時著名科學家、諾貝爾獎獲得者普里戈金在和他的學生斯唐熱所著的《從混沌到有序》一書中說道：「人們對自然的看法正在經歷著一個向著多重性、暫時性和複雜性發展的根本變化。奇怪的是，在自然界中發現的意想不到的複雜性並沒有減緩科學的前進，恰恰相反，它促成了一些新的概念結構的產生。這些新的概念結構正是我們今天認識物質世界（包括我們自己在內的世界）所必需的。」❶ 。

他們在這裡所說的科學概念也正是分類實踐活動的產物。而收藏這項事業也是遵循著同樣的分類原則及程序的。

以紙質品的收藏為例：人們首先要從千差萬別的事物中確定紙以及紙質品所具有的共同本質特性，爾後再根據紙質品的不同形態進行分類，區分出不同質地和用途的郵票、印花、明信片、商標、參觀券、糧油票、紙幣等等，以便根據不同的形態及藏主的興趣進行專項收藏。即便是同一形態的紙質品，如郵票，仍可以依據歷史年代的時間先後順序，作縱向上的進一步分類，或者依據國別類別的差異，作橫向上的進一步甄別，亦可依據花木鳥獸等郵票具體圖案的不同進行歸類。美國總統富蘭克林·羅斯一生前共收集了一二五萬枚世界各國的郵票，堪稱是無窮的分類法所創下的一項紀錄。

美國人熱衷於收集，正是他們的放大智慧之體現。因為分

---

❶　伊，普里戈金、伊·斯唐熱：《從混沌到有序 —— 人與自然的新對話》，曾慶宏，沈小峰譯，第三十四頁。

類法則從本質而言就是智慧的擴張和放大。「物以類聚，人以群分。」人類的先民通過生活經驗的長期積累和歸納總結，創製出形形色色的概念，並以這些概念去命名千差萬別的事物。後人所要做的無非是應用這些概念進行演繹，「引而申之，以究萬源。」當獲得一枚中國郵票時，人們似乎是很自然地觸類旁通到其他國家、其他類別的郵票。如此這般的普遍程序表明，收藏所遵循的分類法不只是一種歸納的方法，也是一種類推的方法。類推正是人類智慧的擴張與放大。

毋庸置疑，使分類方法得以進行，就必須有一個先在的尺度，事物只有依據這一尺度才能被限定。這個尺度便是概念。概念是分類方法的靈魂，因為對於類概念的理解必須以對語言概念本身的理解為前提。人類對於對象的理解是來自於直接性的原初經驗之綜合，而這一綜合過程並非簡單地受制於對象本身，而是給語言的自由留出充分的餘地。不是對象選擇了語言，而是語言選擇了對象。那麼這種概念作為分類方法的靈魂，它的自由不是表現在它脫離具體事物而作神話般地遊蕩之中，而恰恰是表現在它與具體事物相結合又不失其自身的充分領域之中。

卡西爾說過：「當外部世界不單單是被觀察、被觀照，而以單純的直接性征服了人，使其全身充滿了恐懼或希冀、驚恐或希望等情緒時，這時，就在這時，電弧擊穿介質，主客體之間的張力得以釋放；與此同時，主體的興奮情狀客觀化，變為神或怪，迎面出現在心智的眼前。」❶在這裡，卡西爾強調了語言概念的自由性，而這也正是分類方法的內在精神。收藏活動直接面對這種內在的自由精神，也是人類智慧的一面鏡子。

---

❶ 〔德〕恩斯特·卡西爾：《語言與神話》，于曉譯，第六十頁。

「物以稀為貴」似乎是收藏業的永恆主題。

美國有一位名叫倫納德的腳病醫生，專以收藏舊鞋並判斷鞋主的腳病著稱。廿五年間，他共收藏了兩百雙以上的名人舊鞋。倫納德曾遇見美國總統詹森，開玩笑地說：「閣下成為美國總統，就等於是穿上一雙巨型的皮鞋。」詹森總統回答道：「你可以寫信給我，讓我送你這雙鞋。」在此之後，倫納德醫生真的寫信去要鞋，詹森總統也真的寄來了他的一雙舊鞋。經倫納德判斷，詹森總統的第五隻腳趾長了雞眼。

既然諸如舊鞋之類的粗劣物品也能夠成為人們樂此不疲的收藏對象，那就說明，收藏的首要誘因或催生素並不是物品的珍貴，而恰恰是製造物品的珍貴；把低劣粗糙的物品製造成珍奇稀有的藏品，同時也就使得收藏業成為人類智慧運作的一個自律領域。在分類法基礎上的演繹、放大與擴張，就是這一自律領域起支配性作用的無處不在之文化邏輯。

美國加利福尼亞州有一位名叫施維雅的中年婦女，專門收藏一九一〇年至一九四〇年間在捷克斯洛伐克生產的德國塞爾查牌礦泉水瓶。由於負責生產的廠家早已停止了生產，她所收藏的這些礦泉水瓶也就顯得特別珍貴。但是，在她收集到塞爾查礦泉水瓶之後，並沒有就此囤積居奇，而是利用這些礦泉水瓶注入飲用水賣給客戶，爾後如數收回瓶子。此舉使其生意相當紅火。

美國兩位啤酒罐的收藏家也是同樣標新立異：紐約州的馬斯伯士用他所收藏的啤酒罐製造出一架大鋼琴，展示後引起參觀者的巨大反響。另一位名叫鮑勃·畢曉普的收藏家耗用一一六七二個舊啤酒罐製造出一架微型噴氣式飛機，飛機長約四米，翼展長約六米，總重量不到兩百公斤。人們最初以為這架

噴氣式飛機僅僅是個專供賞鑒的擺設而已，不料畢曉普卻真的使這架啤酒罐飛機飛上藍天，並進行了特技飛行表演。

與羅斯福總統成為著名的郵票收藏家相比較，上述這些以舊鞋、廢瓶罐為收藏主題的美國人更能夠代表一般美國人的智慧理路。這不僅是因為總統成為郵票收藏家比起平民百姓成為總統來容易得多（這種比較依據的也是「物以稀為貴」原理的槓桿作用），而且因為這些舊鞋、廢瓶罐的收藏家不是讓自己的思維止步於「金屋藏廢舊」，他們廢舊利用，充分發掘出藏品的工具效能和使用價值。這實際上是一個雙重放大智慧的過程：一方面如前所述，由一只塞爾查礦泉水瓶而生收藏之心已是智慧的演繹、放大與擴張；另一方面，對藏品收且用之，更是把美國人實踐的智慧集中凸顯和放大出來。

收藏品本身自創了一個獨特的天地，它在縱向上消弭了歷史年代的時間間距，並在橫向上超越了主題類別的差異。收藏品首先是一種物品，是不同歷史時期不同國家地區人們創造性智慧的積澱，收藏天然就是對智慧的收藏，也就是對整個歷史長河中人類智慧積澱成果的收藏。這種智慧的收藏活動不僅能夠施於作為積澱成果的物品，而且能夠施於作為創造主體和積澱主體的人。美國人之所以能夠對世界各地的移民湧向美國持寬容並蓄的平和心態，也正是由於移民化運動本質上是一場收藏人類智慧的社會運動。

博覽型智慧和收藏型智慧是一種具有輻射結構和功能的智力投射活動，這種活動解放了主體的意向性，從而實現了人類思維從線性思維模式向空間思維模式的深刻轉換。線性模式是時間的固有特性，傳統農業文明按照「日出而作，日落而息」的周期性規則運作演變，本質上就是一種時間型的文明？而商業文明由於強調市場和交換，則成為一種典型重視空間的文明

形態。在線性思維模式和空間思維模式之間作出劃分，並不意味著兩種思維模式是完全牴悟、格格不入的，後文的論述將表明，現代社會取得制勝地位的思維模式既不是單純線性的，也不是純粹的空間模式，而是時間空間化和空間時間化的一體化思維模式。

　　收藏品本身是器物，但在它作為被分類收藏、被充分審視甚至利用的藏品之時，我們看到的就不只是一件件擺在眼前的實在之物，而是由此通達的整個世界。通過「器物」來通達世界、來體現自由的內在精神，正是美國人獨特的智慧所在。

Chapter 5
縮微的智慧

同「放大的智慧」相比，「縮微的智慧」遵循著截然相反的運思理路，這種智慧也同樣具有作為一種結果和作為一種過程的兩種形態。從結果來看，縮微的智慧之產物是對事物或思想的現實形態最精緻化的勾勒；而從過程來看，縮微的智慧則是強化了事物或思想的功能。

從模型開始

在美國人的思維形態中，重視整體經驗與重視實驗一直奇特地並行發展著。美國人這兩種「分久必合，合久必分」的智能在大哲學家杜威看來，正是一種沉寂千年，而被再次激活的生活之流。

杜威曾對經驗概念作過如下描述：「『經驗』是一個詹姆士所謂具有兩套意義的字眼。好像它的同類語生活和歷史一樣，它不僅包括人們做些什麼和遭遇些什麼，他們追求些什

麼、愛些什麼、相信和堅持些什麼，而且也包括人們是怎樣活動和怎樣得到反響的；他們怎樣操作和遭遇，他們怎樣渴望和享受，以及他們觀看、信仰和想像的方式──簡言之，能經驗的過程。『經驗』指開墾過的土地，種下的種子，收穫的成果及日夜、春秋、乾濕、冷熱等等變化，這些為人們觀察、畏懼、渴望的東西；它也指這個種植與收割、工作與欣快、希望、畏懼、計畫、求助於魔術或化學、垂頭喪氣或歡欣鼓舞的人。它之所以是具有『兩套意義』的，是由於它在其基本的統一之中不承認在動作與材料、主觀與客觀之間有何區別，但認為在一個不可分析的整體中包括著它們的兩個方面。」❶

的確，被歐洲思想家營造幾個世紀的經驗概念在杜威這裡活了起來。杜威所指的經驗實質上是超越了物質與精神、思維與存在、主體與客體等等，諸種傳統二元對立的原始經驗材料的總和──

　　經驗並不是把人和自然隔絕開來的帳幕，它是繼續不斷地深入到自然之心臟的一個途裡。❷

杜威認為，傳統的西方思想所確定的諸種二元對立的觀念，其發展的最終結果是把整體經驗加以肢解，結果必然會導致以下的惡果；整體生活被割裂為僅供專家施展其狹窄才能的領域，而具體且活生生的個人卻只能體驗卑下的意義和破碎的形式。實際上，杜威認為，經驗的概念是包含了「兩套意義」的，在我們的身邊，時時刻刻都圍繞著我們所思、所想、所

---

❶　杜威：《經驗與自然》，傳統先譯。
❷　杜威：《經驗與自然》，傳統先譯。

做、所求、所喜、所悲、所畏、所近之經驗的事物。

　　但與此同時，我們的經驗又不僅僅被上述認識所繫牢，它無時無刻都在經歷著一種自身發展的過程，醉夢中的囈語、魔幻中的痴迷、信仰中的虔敬、敗運中的沮喪、勝利中的歡愉，這些人的情感和意志的過程構成著經驗中更重要的內容。

　　正因為如此，恢復經驗的整體性就不僅僅是一種理論上的要求，而且實際上真正具有民主社會的思想蘊涵。因此，把握整體生活經驗的能力在這裡已不再被看作是少數幾個天才藝術家或思想家的單獨私有，而真正成為屬於每個心智健全之人的能力。

　　對生活經驗的整體性把握並不意味著人們完全被動地接受雜亂無章的原始經驗材料。本書在上一章已經表明，人的心智對原始經驗材料的強化或弱化是有其生理學發生之機制的。每當原始的經驗材料作為一團無規則排列的刺激物展現在人的面前時，人作為觀察者，往往是按照自己的喜愛，偏好隨意地對這些經驗材料進行排列和處理。

　　這就表明，視覺感知活動並不是對外界事物的機械複製，而是賦予現實以形狀和意義的一種主觀性行為，是對有意義的整體結構的把握。它本身就是一個對特定的刺激反應的過程。因此，視覺感知活動實質上是人的心智為獲取有條有理、有秩有序的現實概念所進行的一場鬥爭。這場鬥爭正是人的智慧與創造的靈現。

　　人的心智把握原始經驗材料的能力同時也就是一種詩意的或藝術的創造過程；即從把握最為簡單明了的知覺樣式開始，然後逐漸過渡到把握最為複雜的樣式。這種藝術的把握方式體現了人的心智中所潛藏著的縮微或簡化的天賦才能。

　　所謂「簡化」，就是對事物的亮點、要點、重點和關鍵點

加以鮮明地把握和突出地表現，是人的智慧擴散後的凝聚，是人的智慧昇華後的結晶，是人所先天具有的高度合理化、功能高效化、一物多用化、效能充分化的創造性思維特徵。

為美國人所大力推崇，作為現代科學探究之基本方法的實驗法，本質上就是一種簡化的智能方法。實驗方法的基本路徑在於通過人為的干預與控制，把所研究的對象從自然狀態轉變為人工狀態，以便按照特定的工作假設或指導性理論來實現預期的實驗目的。其核心是模型化原則，即通過建立和研究對象系統的模型來揭示真實的對象系統（亦即原型）的形態特徵和本質規律，從而獲得原型客體的知識。這是人與自然相互間的兩重映射，它極致地呈示了原始經驗材料內孕的事物筋骨，是一種簡賅的整體化操作模式。

因而，模式的建立是思維簡化的精緻產物。美國人正是因為最大限度地發揮了這種實驗模型的優勢，使得科學研究如入無人之境——不管是茫茫遠古，還是遙遙太空——從而產生了巨大的社會效益。

眾所周知，生命起源的問題一直是人類之精神探索活動的絕對禁區；即使是在達爾文的《物種起源》問世，從而打破上帝創世的神話之後，科學界對生命來源的問題仍然是疑問不絕。有人說：生命是外界星空的飛臨；有人說：生命是地球自身的演化；一時間可謂仁者見仁，智者見智。

美國科學家尤里教授堅持主張生命來源於地球本身。然而，生命起源的原始自然現象早已發生，人們恐已不能在現時的生態環境中對生命衍生的歷程進行還原，況且現實中人們業已墾發、加工、遊歷過的自然，其原始氣息已經蹤影全無。但是美國人以其堅韌精神與創造智慧，對這項看上去似乎是徒步

登天的研究之難提出了挑戰。

　　為了驗證自己的指導性理論假設，尤里和他的學生米勒一起精心設計了一個模擬原始大氣環境的計畫，以便探究在自然條件下能否產生同生命相關的基礎物質。

　　米勒把原始大氣中的甲烷、氨氣、氫氣和水蒸氣放到抽成真空的玻璃器皿中，並使用高電弧這一人造太陽來模擬太陽的強烈輻射。當電弧放電如同大自然的電閃雷鳴那樣不斷輻射出巨大能量時，玻璃器皿內的各種氣體和水蒸氣便混雜在一起，相互碰撞對流並產生化學反應。一周以後，米勒取出真空器皿中的水進行分析，居然獲得了組成原始生命所必不可少的蛋白質原料──氨基酸。

　　尤其值得一提的是，在米勒所模擬的原始大氣條件之下，氨基酸形成之快、數量之多都是出人意料的。在短短的一周時間裡，竟有六分之一的甲烷轉變成氨基酸。這些氨基酸正是生命的基礎物質蛋白質最重要的有機成分之一。米勒把這一實驗結果寫成論文公諸於世後，立刻引起世界科學界的轟動，引得各國科學家紛紛仿效，從而大大推進了生命科學研究的發展。

　　米勒實驗的一個基本指導性理論假設就是：生命的起源必然是通過化學的途徑才得以實現的。沒有這一基本假設，原始大氣模型的建立和實驗方案的設計就不可能完成。事實上，任何科學實驗方案的設計都是首先確立起基本的理論假設，並且運用這一指導性理論進行嚴密的邏輯推理的過程。科學模型是對原型客體的縮微、簡化和精緻化。因此，它並不需要同原型客體在外部特徵、原料、結構以及形態上完全相似。但就科學研究的問題和目的而言，模型只有同原型客體有著本質屬性上的相似性，才會具有方法論的意義。

　　此外，人的心智所創造出的模型之所以有意義，還在於模

型雖然對原型客體進行了簡化和縮微，卻沒有因此而減少功能，相反，原型客體的功能在模型中被加以精緻化、小巧化、合理化。這確實是美國人特有智慧的點睛之筆。

思想實驗：智囊團

模型的建立是在特定的理論假設指導下設計實驗方案的過程。這意味著，人們在實質性地進入具體的實驗之前，已經充分發揮了創造思維能力，在思想中以觀念的形態首先建構了實驗的總體框架，完成了實驗的全過程。因此，美國人重視自己的思維鍛鍊。他們深知，任何科學實驗根本而言，首要的都是思想實驗。

科學實驗中所蘊含的思想實驗步驟對美國人有著特別的意義。這不僅因為科學實驗的成果使美國人受惠不淺，而且因為，層出不窮的思想實驗客觀上極大地滋潤了美國人的智慧天地。從發生歷程來看，美國本身就可以稱作一個巨大的思想實驗室，各個種族、各類民族的人們移居到美國的過程，同時也就是對自己固已有之的價值觀念和思想形態進行試驗和證明的過程。美國的這一文化多元的特點，使其自身蘊涵了巨大的激發思想的活力，從而使美國成為最大、最活躍的思想實驗場。

愛好思想實驗的一個積極成果就是現代「智囊團」在美國最先出現。

漢語「智囊」一詞最早見於《史記·樗里子甘茂列傳》：「樗里子者……秦人號曰『智囊』。」唐代顏師古在《漢書·晁錯傳注》中將智囊注釋為：「言其一身所有皆是智算，若囊橐之盛物也。」

・富蘭克林・羅斯福總統（1882-1945）

　　智囊實際上就是輔佐君王出謀劃策的諮詢智士，可以被視作決策者的「外腦」，其地位極其重要，以至於食客、諫臣、謀士、諮議、參議、軍師等等角色幾乎在任何一種類型的社會結構中都能夠找到。

　　不過，社會的發展和社會決策過程的日趨複雜導致了決策者或智囊的個體知識、才智和稟賦已經難以適應發展的客觀需要；現代智囊團的出現就是順應大經濟、大科學、大工程、大企業發展趨勢的產物，其產生在一定程度上同富蘭克林・羅斯福有極大的關係。

　　羅斯福總統曾經被他同時代的許多人稱作天才。不過，需要指明的是，當時的美國人所謂的天才並不是指打抱不平的牛仔、橫刀立馬的英雄，抑或腰纏萬貫的成功人士，而是指善於

利用多種人才、善於駕馭多種事物的人。

這種天才觀念直至今日，仍被美國人奉行，因為它迎合了美國人在其民族大熔爐中所鍛造成就的民族感情。羅斯福總統被當時的人們視為名副其實的天才，約翰‧根室甚至稱他為「萬向節（即萬向接頭）」、「配電盤」、「變壓器」，因為羅斯福的天才特質正表現在他的「伯樂」角色上，許多人的聰明才智（千里馬特質）正是通過他獨具的慧眼和卓越的膽識而得以充分發揮的。

羅斯福的時代正是國際形勢極端複雜、國內經濟存在著嚴重問題的時代，而羅斯福以其超凡的智慧領導美國人民走出困境，創造新時代，是與其對人才的選識分不開的。羅斯福總統在奧格爾索普大學發表演講時提出：「如果我對美國人的心理沒有猜錯的話，美國人非但需要，而且要求進行大膽、堅持不懈的試驗……最需要的是要有所作為。」

也許眾多的大學本身就是思想實驗的最佳場所，美國總統們的許多施政綱領和戰略決策都是通過大學講壇公諸於世的。這也是美國人的獨特創造。羅斯福的這次著名的演講不僅使其新政的大政方針初露端倪，而且把一種新的思想產物推向世界。

羅斯福所說的「有所作為的」，「大膽、堅持不懈的試驗」，實際上就是「思想試驗」。當時，羅斯福已經著手邀請一些大學教授為美國經濟與社會的復興與繁榮出謀劃策。

《紐約時報》的詹姆斯‧基蘭便把這些教授稱作 brains trust（智囊團），後來的人們（包括羅斯福總統本人）都沿用了這一名詞，不過他們在使用過程中去掉了一個字母 s，繼而稱作 brain trust。智囊團因其綜合效應而贏得優勢，這種綜合既是多學科、多專業的科研成果與科學的多種方法之綜合，更

是許多個體的智慧之集大成。因此，以往依靠發揮個體才智而取得地位的智囊已被群腦激勵式的智囊群所取代，以往的單維決策謀略也隨之被縱橫戰略籌劃所取代。

H‧德羅阿博士在本世紀六十年代便把這種智囊團形象地稱作「思想庫」（think tank）。思想庫便是民族智慧的集散地，它牢固地鍛造了一個民族進步的基址。二次大戰期間，由奧本海默、費米、玻爾等著名科學家所共同參加的「曼哈頓計畫」，最終促成第一顆原子彈在美國試製成功，堪稱思想庫發揮效應的典型範例。

現在所公認的思想庫的誕生是以一九四八年美國蘭德公司的面世為標誌的。蘭德公司的前身是美國空軍所附屬的科研開發機構，其中包括道格拉斯飛機公司的技術專家。在第二次世界大戰期間，這些科學家和技術人員對原子彈、雷達的研究以及對 B-29「超級空中堡壘」戰略轟炸機性能的改進，大大提高了美國空軍在大戰中的作戰能力。

戰後，美國空軍上將 H‧阿諾德便支持道格拉斯飛機公司接受一部分原在空軍附屬科研機構工作的科學技術專家建立一個新型的跨學科獨立性研究機構。

一九四五年十月，道格拉斯公司與美國空軍開始制定「研究與發展」計畫，亦即「蘭德計畫」，旨在研究大陸間戰爭的廣泛課題，並撥款一千萬美元來維持「蘭德計畫」的多次活動。「蘭德計畫」的執行部門曾經為美國空軍研究人造地球衛星的現實可行性及其軍事用途的課題提供了具有實際價值的諮詢報告。

一九四八年，「蘭德計畫」執行部門脫離了道格拉斯飛機公司，正式成立了蘭德公司。蘭德公司以「美國的繁榮和安全，促進科學、教育和福利事業」為研究宗旨，並在發展過程

中體現了 H・阿諾德上將所確立的「研究組織的獨立性」、「研究工作的長期性」和「研究項目的自主性」三大原則。因此，E・柯尼施認為：「蘭德公司作為第一個『思想工廠』，是與當時的大多數機構完全不同的新鮮事物。這是一個被鼓勵而提出許多『非同尋常』的思想，相當自由、獨立的機構。」❸

在蘭德公司之外，布魯金斯研究所、史丹福研究所、未來資源研究所、赫德森研究所等著名機構都為美國的社會決策活動作出了貢獻。

這些思想庫在現代決策過程中把各有所長的專家學者組織起來參與決策過程，對有待決策的問題進行系統、全面的研究，以便提出最優化的決策方案，提高決策的科學性，保證決策的可行性，從而最大限度地減少失誤，最終取得最佳的實踐成果。現代思想庫的基本特色就在於集中最多最大量的智慧來研究和解決社會最重大、最複雜的問題，任何社會中幾乎所有的重大問題都可以在思想庫中演示性或模擬性地解決一遍。可以說，思想庫確實是社會各種疑難雜症、各種困難問題的過濾器，是開啟當今社會發展之門的一把不可多得的鑰匙。

不唯如此，蘭德公司的奧・赫爾曼和諾・達爾基還試圖建立起一個迅速而有控制性能的反績系統，以便使收集的專家意見更為可靠。也許正是因為他們以太陽神阿波羅的神殿所在地——德爾菲為其研究方法的代號，才取得每言必中的靈驗效果，因為在古希臘神話中，阿波羅神正是一個以尊重和依靠他人的智慧為智慧的英雄巨人。

誠然，從模型到智囊團的任何思想實驗最終都必須接受現實生活中現實原則的驗證，從而判明是否具有真正的價值。一

---

❸ 〔美〕E・柯尼施：《未來學入門》，第六十七頁。

九四一年十二月七日，日本偷襲珍珠港，致使美國太平洋艦隊受到重創。美國朝野把此次事件視作自己的奇恥大辱，一致要求對日本人進行報復。賓夕法尼亞州的一位名叫亞當斯的牙科醫生當時想出了一個奇妙的辦法。他建議美國軍隊嘗試利用蝙蝠攜帶小型定時炸彈空降到日本國土，以這種所謂的「蝙蝠轟炸機」襲擊日本。

這位牙醫設想，當這種「蝙蝠轟炸機」投飛到日本後，它們自然會分散飛到各處尋找各自的棲身處所，等到了預定時候，攜帶在牠們身上的燃燒彈便會自動爆炸燃燒，必然可以給日軍以重大的打擊。亞當斯的這個設想在邏輯推導上似乎是沒有什麼大漏洞的。這個設想雖然奇特，卻被美國國防研究委員會所採納，並撥出近百萬美元的專款資助這項大膽新奇的試驗。研究人員首先設計製造了一批微型定時燃燒彈，然後捕捉到大批蝙蝠，把微型定時燃燒彈捆縛在這些蝙蝠身上，把它們置放到冷藏庫中，以便讓它們度過一段時間的人工冬眠。

一九四三年，美軍用運輸機把這些「蝙蝠轟炸機」裝運到一處沙漠上空進行試驗。結果，這些蝙蝠由於剛剛從人工冬眠中蘇醒過來，它們被糊里糊塗地投放出來，不是摔死，就是不知去向。「蝙蝠轟炸機」的試驗也就此宣告流產。

美國人愛搞實驗，從而為他們帶來了眾多具有重要理論價值和實用價值的發明創造，而愛搞實驗的癖好也同樣使美國人出了許多洋相。

從「蝙蝠轟炸機」的試驗過程中可以看出，並不是所有的思想實驗都能夠同現實生活條件相符、都具有實際的價值——而這種教訓恰恰反過來說明，任何思想實驗都是必要的，都是真正實現實際目的所必不可少的環節。

生活之杯：文化的模式

按照杜威「整體經驗」的觀點，經驗不僅作為經驗的事物，也作為經驗的過程。模型也同樣具有這種雙重性特徵。前面我們詳盡地敘說了模型製作的過程以及在這一過程中美國人特有智慧的絕妙展現；但與此同時，我們也必須像杜威對待經驗一樣，絕不能忽視模型本身作為客體的特性，即模型本身作為製成品，其內在孕育著的美國智慧。

從模型的製成品特性來考察，一般存在著「物質模型」和「觀念模型」這兩種劃分。比如，三維立體空間中的地球儀就是一種典型的物質模型，而二維平面空間中的地圖則只能算作是一種觀念模型。事實上，如果我們追溯模型設立與建構的起始過程，就會發現，任何一種模型都必須──首先是一種觀念模型。

本世紀六十年代，科學研究的最新成果已經觸及到作為基本粒子的中子和介子層面，一般人的常識理解能力則最多停留在原子的水平上；而美國物理學家蓋爾曼卻獨出心裁，從存在著比中子和介子更小的基本粒子這一基本理論設想出發，提出了夸克模型。

所謂「夸克」，完全是一種虛構，被假設為組成基本粒子、比基本粒子更小更基本的單元，人的肉眼或視覺難以通達的微觀領域，恰恰是人之智慧運行的用武之地。這的確是一種既乖巧又大膽的設想。

蓋爾曼提出了 u、d、s 三種存在形態的夸克模型設想，並根據自然界「正反相和」的普遍規律，進一步提出了與三種夸克完全對應和對立的 ū、đ、š 三種反夸克。在夸克模型中，重子由三個夸克組成，介子則由一對正反夸克構成。因此，當科

學家按照原子模型的構築程序建立起夸克模型時，這種模型首先就是一種觀念模型和智慧模型，其次才是智慧運思過程的物化（即客體化、對象化）。

人的縮微型智慧向微觀領域的伸展過程是無限的，物質模型和觀念模型某種程度上就是對這一無限過程的中止和懸擱；從另一方面來看，這一過程又同時潛含著奇特的反面特徵：物質模型的建立反倒妨礙了人之智慧的自由運行，因為物質的現實形態往往誘使人的視覺固執其上，從而牽連了其他感覺活動難以自由開展。在日常生活中，我們常常說某人在「定睛思考」，其實這種「定睛思考」並不是真正把視覺聚焦於具體物之上。相反，全神貫注的思考活動往往是把視覺聚焦於一個盲點之上，從而逃避或排除了外界對感官的一切干擾，以利於人的心智運思天馬行空，獨步天下。

觀念模型在社會形態和文明模式的精神探究活動中得到更加廣泛的運用，這也是社會發展和文明演進的無形特性所決定的。美國學者羅姆尼提出了著名的「基因模式」，從微觀的角度探討了人類文化的變革歷程。基因本來就是科學探究模型化活動的產物，在此借指特定文化歷史單元的起源和發展模式。羅姆尼依據多種類型文化的地理因素、歷史因素以及現有的語言、建築和人種學資料，對文化變革的結構作了廣泛的研究。

基因實際上包容了有機體後來發展的全部信息。基因相連的宗族即按照相關語言、共同體態和共同制度類型所確定的宗族，也就是在某天某個時候從小型原始群體和原始文化中衍生出來的「基因單元」。同一「基因單元」的所有人不一定就是嚴格的生物學意義上之共同祖先群體的後裔，因為當此「基因單元」的人們同其他群體接觸時，仍然有可能產生新的生物混和體。

顯然，羅姆尼的基因模式對於理解美國人的智慧生長有著特別的意義，同樣也頗有新意地點綴了美國智慧中最綺麗的內容。

美國著名的文化人類學家露絲・潘乃德曾經講述過她與加利福尼亞的迪格爾印第安人首領拉蒙相談的一段故事。

拉蒙說：「一開始，上帝就給了每個民族一隻杯子——一隻陶杯。從這隻杯子裡，人們飲入他們的生活。」

這位基督徒的首領提到昔日自己部落的飲食風俗、經濟體制內的責任、村落式的延續、跳熊舞時的著魔狀態時，竟然兩手顫抖，聲音嘶啞，因獲得了一種無與倫比的力量而興奮異常。然而，後來的聽裝罐頭肉替代了他們往日的沙漠食物，原有的那些生活樣式與意義消失了。拉蒙滿懷傷感地說：「現在我們的杯子破碎了，沒有了。」

這次談話的遭遇給露絲・潘乃德以極大的啟發。她仔細地品味拉蒙的「生活之杯」所盛滿的內在文化蘊涵，發現這只上帝所賜的杯子構成了原始文化的總體框架，因而在她的人類學名著《文化模式》中，把拉蒙所說的「生活之杯」轉譯為「文化的構成形式」。這種「構成形式」是在帶有普遍性的主導模式控制下整合而成的。

一種文化就像是一個人，是思想和行為的一個或多或少貫一的模式。❹

---

❹ 〔美〕露絲・潘乃德：《文化模式》，王偉等譯，第四十八頁。

因此，露絲・潘乃德特別強調把文化當作大同小異的整體來加以考察。因為單純列出所分析的文化之細微性徵對解釋文化是無所助益的，它只能以破碎支離的形式偏解文化社會的整體結構，缺乏全面而徹底的文化研究之統測。

　　絕大多數社會都有一種潛藏著的「主宰動機」支配著周而復始的人類狀況，如對生老病死的不可逃避的恐懼，如吃穿住行的物質需要等等。露絲・潘乃德便從「文化的構成形式」這一觀念模型出發，探討了美洲大平原與西南部之間的文化差異。美洲大平原上的印第安人或豪飲、或吸毒，或者通過割皮、斷指、禁食等駭人聽聞的自我折磨來突破感官所強加於人的限制，從而在幻覺中走上超越之路，並通向智慧的殿堂。這是酒神狄奧尼索斯的動機。與此相反，美洲西南部的普韋布洛印第安人則受阿波羅動機的主宰，強調通過節制和秩序之徑，抵達智慧的天堂。

　　顯然，露絲・潘乃德的兩種文化模式源自於尼采《悲劇的誕生》中的思想，但她通過這兩種觀念模型的精緻運用，「文化的構成形式」及其系列被最清晰地勾勒出來。因此，縮微型就絕不是人類心智在巨量信息壓迫下的無奈選擇，而是人類智慧對原始的生活之流最切中的把握；縮微形式的觀念模型繼而就成為科學研究中最為標緻的方法原則，同時也成為美國人現實生活中的深切感悟。縮微簡直可以說是美國民族的智慧工藝精品。

宇宙日曆：智慧的微雕

　　曆法是人類智慧縮微的又一積極成果。

所謂「曆法」，顧名思義，就是以年、月、日來計算和標明宇宙沿革時間與歷史順序的方法。變化和時間維度原本就是自然界的固有屬性，無需人類勞作的過多摻和與調度。如同人類其他所有的一般法則一樣，曆法也就只是人為了人自身而設計出來的標刻時間變化的權宜方便大法，這種方法必然烙印著「人類中心論」的明顯痕跡。

　　「人類中心論」在天文學上的反映就是「地球中心論」，它以備受譴責的托勒密體系為代言者——其實，托勒密代表的是人類智慧在當時那個時代所達到的普遍高度，把托勒密與地球中心論當作科學史上的反面教材大加撻伐，可謂人類智慧發展史上的一樁冤案，因為在此之後的哥白尼日心說某種程度上也只能算作是地心說的一個私生子。不過，人類古已有之的各種曆法在「哥白尼革命」發生前很久就已反映了日心說的許多真知灼見。這種現象實在頗費思量。的確，人類智慧的諸種神奇創造，恐怕在人類智慧本身都是難以把握的。

　　目前國際上通用的公曆又稱作格里高利曆，是太陽曆的一種，其紀元從傳說中耶穌的誕生年開始計算，因而整個曆法具有濃重的上帝創世說之色彩，並最終成為西方人的「祖宗之法」。對於後期的美國人而言，當他們尚未來得及有意識地對宇宙之歷史時間順序進行人為的立法時，就似乎命定地接受格里高利曆了——這種現象亦可被看作是美利堅人全盤接受歐洲文明的一個極好注解。

　　對於美國人而言，完整全面地繼承人類智慧業已創造的成就，這種繼承本身就已經是一件需要智慧的事；而在另一方面，對人類業已創造的智慧成果加以重組再造，即使談不上更具智慧，至少也是要求具有同等智慧的一項工程。

　　現代科學探究並沒有能從根本上解開自然界與人類的全部

謎案，關於宇宙起源、人類起源的問題，至今依然成為撲朔迷離的疑團。

在天文學研究中，用來描述宇宙生長發育過程的「宇宙大爆炸」理論愈來愈得到科學界的認同。倘若這一假說成立，那麼自從大爆炸的瞬間開端以來，宇宙至今已有一五〇億年的漫長發展歷程，其間出現的事實、事件混然龐雜，泥沙俱下，無論人腦抑或人腦的產物電腦，恐怕都難負其重。

歐洲思想的進化和發展為人類磨煉了一把「智慧之刀」——「奧卡姆剃刀」，以便於人們刪繁就簡，經濟思維。就人腦、電腦對於自然事實、歷史事件的記憶貯存而言，不可能每一事實、每樁事件都具有「法」的意義和立法的價值，也不可能每年每月的每個日子都是可供追憶的節期，人類在無窮無盡的事實、事件面前有自主的選擇取捨權利和能力，曆法也就是人類的智慧世代縮微的結晶。

本世紀七十年代末，美國康乃爾大學的著名天文學家卡爾‧薩根別具匠心地製作了一份「宇宙日曆」，廓開了人類縮微型智慧的一方新天地。薩根在《伊甸園的飛龍》一書中所創用的「宇宙日曆」也有年表、月表和日表之分，各自用來記載和說明宇宙史早期、晚期和近期重大事件的發生時間順序。

「宇宙日曆」的關鍵在於「宇宙年」這一概念：「宇宙年」開端於一五〇億年前所發生的「宇宙大爆炸」。這就意味著，宇宙發生、發展至今的一五〇億年時間被薩根壓縮成一年時間，宇宙年的一秒則相當於地球環繞太陽運行四七五圈所花的時間，而地球史上的十億年在「宇宙日曆」中卻只有短短的廿四天！

薩根的「宇宙日曆」編排了下述的重大事實事件——

一月一日，五月一日；

宇宙大爆炸，銀河系形成；

九月九日，太陽系誕生；

九月十四日，地球誕生；

九月廿五日，生命出現；

十二月十九日，脊椎動物出現；

十二月二十日，水生植物登陸；

十二月廿一日，動物移居陸地；

十二月廿四日，恐龍興起；

十二月廿八日，恐龍滅絕；

十二月廿九日，靈長類誕生；

十二月三十日，類人猿出現；

十二月三十一日下午十時三十分，原始人類出現；

十二月三十一日下午十一時四十六分，北京猿人學會用火；

十二月三十一日下午十一時五十九分五十秒，出現巴比倫文明……

現代人類則處在又一個宇宙年的開端。

從「宇宙曆法」中不難看出，曆法中的重大事件本身就樹立了一種意義標準。縮微型智慧要求人們具有辨本識末的敏銳判斷力，否則眉毛、鬍子一把抓，失去了取捨去留的標準，縮微只會導致事物的完全失真。

OK：精神簡潔的誘惑

在所有縮微型智慧的產物中，「縮略語」也許最具有典範意義了。

美國英語是在十七世紀英國英語的基礎上發展起來的。最早一批移民移居北美大陸的過程，同時也就是伊麗莎白一世時代的英語在北美大陸撒播生根的過程。早期的美語保留了英國英語的基本語法框架，表明其自身並不是從語言的沙漠中建立起來的。但美語的發展結果卻無汰使之像英國英語那樣找尋到類似莎士比亞的偉大作品這樣的詞彙寶典和用語大全。毫無疑義的是，美語的發明創造權力掌握在美國各個階層、各個個人手中。

美語新詞彙構成的一大特點就是兼容蓄並富有創造性。我們可以看到，美洲土著印第安人的語言竟是如此順利馴服地同化到美語語言體系之中，以至於 caribou（馴鹿）、toboggan（平底雪橇）、hickory（山核桃木）、toten（圖騰）等概念詞彙名正言順地登堂入室，成為美國語言重要的有機組成部分，甚至連芝加哥和麻薩諸塞兩州的州名最初都是來自印第安語。「開放體系」這一充滿悖論意味的用語恰好可以用於生動地描述美語的發展歷程，這是個移民和土著、群體和個人、白人和黑人、達官貴人和販夫走卒共同參與創造的歷程。

「縮略構詞法」是美國版英語的一個顯著特徵，即美語往往截除了原來英語中一個詞的詞首或詞尾來構成新詞，且新詞的詞義依然沒有改變，如 photo（照片，原為 photograph）、kilo（公斤，原為 kilogram）、maths（數學，原為 mathematics）、gym（健身房，原為 gymnasium）、phone（電話，原為 telephone）等等。而在所有的縮略語中，「OK」這一表達能力極強的語詞，也許最能夠體現美國人縮

微型智慧的創造天賦了。

自從十九世紀中葉進入人們的日常生活以來，OK 一詞借助於電影、廣告、新聞報導、人員遊歷、工作交往等等多種渠道傳布到世界各個角落，成為無人不曉的全球性通用語言，並且轉化成其他形式的標誌：如卡拉 OK、OK 商店等等，遍及全世界各主要城市，成為人們最津津樂道的日常口語之一。亨利‧門肯（Herry L. Mencken）甚至認為：「OK 一詞是「美國文化中最為光彩、最為成功的發明創造」。

關於 OK 一詞起源的種種傳說，也塗滿了想像與創新的神奇色彩。不管這些傳說是附會杜撰還是臆想猜測，它們都是美國人津津樂道的智慧輕喜劇。

有一種傳說認為：美國曾經有一位名叫凱利（Obadiah Kelley）的鐵路辦事員，在每次有人交運貨物時，他查點無誤後都在收據上簡簽他姓名起首的兩個字母「OK」，因而 OK 被引用為「準確無誤」的意思。但這種說法往往遭到人們的懷疑，一個強有力的理由就是：一名普通鐵路辦事員的一舉一動很難產生舉國風行的效應。

而另一種說法則與大名蓋世的林肯總統直接相關，似乎是名人效應的作用看上去可信性比較強。出身寒微的林肯就任總統以後，在批閱公文時經常寫上「OK」，實際上是把代表「完全正確」的「All Correct」誤拼為「Oll Korrect」了。這種說法固然體現出美國人不為尊者諱的膽識，但是同時卻難以使人相信林肯身為總統竟然不學無術到如此地步。可見，傳聞中的名人效應用得不當，倒會惹出名人「反效應」的差錯來。

於是出現了一種似乎更為可靠的說法來取而代之：《波士頓晨報》的編輯格倫斯（G. G. Grence）於一八三九年三月廿三日在該報最早把 OK 作為「All Correct」的滑稽誤拼「Oll

Korrect」的縮寫而加以使用。

　　由於美語的形成是英國英語與土著印第安語「雙向同構化」的一場互動，為 OK 溯源的視角也就被投射到土著印第安語的領域。在美國喬克托（Choktaw）族印第安人的語言中，有音為 OKen 的一個字，字義是「是這樣的」；有學者便認為 ok 一詞是通過外借法，由 oken 一字壓縮蛻化而來的。

　　還有一種在可靠性上具有相當強之競爭力的說法，它出自美國作家瑞德（Allen Walker Read）之手。一九四一年，瑞德在《星期六文學評論》周刊上撰文，記述一八四〇年前後，紐約市有一個「OK 社」（O.K. Club），是由一批擁護美國第八任總統范布倫連任的人士所組成的。范布倫出生於紐約州 Old Kinderhook 城，早年在該城行律師業務，享有盛名，有「老金德湖的狐狸」的綽號。紐約市的這批人就用這個城名的起首兩個字母命名「OK 社」，因而 OK 成為他們的口號，後來也就由此而演變出新的意義來；後來，歷經美國人天才的發掘和改造，「OK」一詞一直沿用至今，以至成為美國、乃至世界最為流行的口語。

　　其實，多種傳說本身所具有的可信性程度大小已經不是那樣重要了，重要的倒是：各種傳說都普遍一致地認定 OK 一詞是縮略用語，OK 一詞的產生過程表明美國人受到精神簡潔化的誘惑，這種誘惑之巨大，恐怕連過去最厲害最邪惡的巫師都難以想像。

　　精神簡潔化意味著：我怎樣思維，我也就能夠怎樣表達。思維必須借助語言這一中介來表達。而縮微型智慧正是一種建立在語言牢固基礎上並且具有強烈文化意味的「出位之思」，它打破和超越了語詞本身所固有的物質外殼（音、形）與其意義內核之間約定俗成的一一對應關係，以最經濟、最通俗的思

· 全球通行無阻——OK！

維形式表達了負荷巨大信息承載的思維內容：MIT 是麻省理工學院的簡稱，UFO 是不明飛行物的簡稱，MD 是麥克唐納——道路拉斯飛機製造公司的簡稱，甚至於 USA 作為美利堅合眾國的簡稱……

　　如此種種都是以縮略語為代表案例的縮微型智慧，它體現了以最少量的語詞符號表達最多量信息的「最大——最小」思維原則。它恐怕是在一個最講求時間、最講求效率的國家裡最為自然的智慧產品。

　　誠然，在縮略的過程中必然會失去一定量的信息，OK 一詞的起源之所以眾說紛紜，莫衷一是，道理也正在於此。縮略和簡化往往使得縮略語的所指模糊多義。

　　在新政時期，羅斯福總統成立了「全國復興總署」（NRA）來拯救美國經濟，恢復美國的繁榮，但其新政措施卻被當時的許多勢力指責為「極權主義」和「法西斯主義」；威廉‧倫道夫‧赫斯特更是巧妙地抓住縮略語的要害，把

NRA 的真實意思說成「禁止復興」（No Recovery Allowed）。同樣，VFW 這一縮略語原是指撫慰軍人的「對外戰爭退伍軍人會」（Veterans of Foreign Wars）。但在美國正式捲入第二次世界大戰前夕，具有強烈反戰情緒的學生卻借用這一縮略語，自建了 VFW 即「未來戰爭退伍軍人會」（Veterans of Future Wars），以表示自己絕不參加未來戰爭的決心。這些有意識的反其道而行之的做法，事實上進一步強化了縮微的效力，增加了縮微智能的有效內涵。

縮略語是對人類縮微型智慧向微觀領域無限伸展過程的收聚，人們可以不斷地進行縮略，但最終不能比縮略更縮略。

曾經為美語拼寫規範化作出重要貢獻的諾亞·韋伯斯特最初曾提出一種非常激進的語言改革主張，力求把單詞中所有不發音的字母統統捨去，以最簡捷的途徑改造語言，從而節省人的記憶。比如，他提議將 built（建造）拼成 bilt，give（給）拼成 giv，bread（麵包）拼成 bred，laugh（笑）拼成 laf，在 architecture（建築）、chorus（合唱）、character（性格人物）等詞彙中的 ch 均應由字母 k 來代替。然而，這些主張由於過於激烈而最終未能得到社會的認可。一八二八年出版的第一部大型「韋氏詞典」《美國英語詞典》就沒有採用這一拼寫體系。

與羅斯福的「字母機構」被反對派用作調侃的武器相比，摩斯 SOS 電碼的命運則好得多。一八三五年，紐約大學的藝術教授 S·摩斯發明了後來被命名為「摩斯電碼」的新玩藝兒。它以點劃組合，容易為一般人所記憶。幾年後，國際委員會在尋找一種用於對付危急情況的呼救信號時，採用了摩斯電碼，即用三個字母簡單組合成一個信號。

但在莫爾斯電碼中，字母表中只有兩個字母能用三個相同的符號來表示，三條短劃表示 O，三個圈點表示 S，因此，最

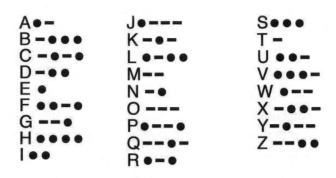

・摩斯電碼

終的國際通用呼救信號即是用三個短劃和三個圈點來加以表示的，亦即 SOS。

在後來的人們那裡，這種原本不是縮微產物的符號卻被認定為是一種縮微形態，因而被附會上諸多奇特的含義。比如，有人認為 SOS 是 Save Our Ship（救救我們的船）的縮微，也有人認為 SOS 是 Save Our Soul（救救我們的靈魂）的縮微。更為離奇的是，舊金山的一位名叫埃德溫・W・考克斯的推銷員在推銷他的洗刷擦時，也以 SOS 來為推銷產品添彩，其意思竟是：Save Our Saucepans（保護我們的平底鍋）！

Chapter 6
符碼：智慧的定格

　　人與動物的最大區別在於人能夠製造符碼，人也正是由於製造符碼的能力而被稱作智慧的動物。一般而論，動物總是借助於自己身體機能的改變來適應環境，維持生存。與此相比，人則是通過自身的實踐活動來改變環境，從而使環境適應和滿足自身的生存需求。

　　在此意義上，人所生存於其中的世界便是一個人造的世界、人化的世界。美國經濟學家赫伯特·西蒙便認為：「我們如今生活的世界與其說是自然界，還不如說是人造界或人工界。環境中的幾乎每一事物都留下了人工的痕跡。我們度過大部分鐘點的環境，其溫度被人工保持在攝氏二十度；我們所呼吸的空氣，其溫度被人工加大或減小；我們所吸入的不淨物質基本上是人生產出來的（也是人在對它們進行過濾）。」

　　西蒙進一步指出：「對於我們之中的多數——即白領工作者，大部分環境主要是由稱為『符號』的一連串人工物構成的。我們通過眼睛和耳朵接收這些以文字和言語形式出現的符號，又通過口和手，將它們注入環境——如我此刻正在做的。

支配這些符號的串串規律，決定何時發送符號、何時接受符號的規律，決定符號內容的因素，所有這些都是我們集體智慧的產物。」❶

因此，形形色色的符號或符碼便成為人類智慧的定格，以至於人的生活世界本身成為這種智慧定格的最大產物。

由於這種特性，人類實際上通過活生生的語言抑或是杜撰虛造的語言，把整個世界全部加以重新構造：從類星體到夸克、從有文化的無意識到宇宙黑洞，從國家權力到人的心理結構，宇宙中所有的一切落入到人的符碼化智慧視野之中，都能夠被重新構造為語言所創造的符碼。這樣，自然便被轉變為文化，文化又被轉變為一種內在的符號系統。歸根到底，語言符碼業已成為一切生活文本的內在性尺度。

符號的遊戲

符碼是人類智慧的一種創造性成果。在人類社會中，古代戰爭中的烽火、交通管理中的紅綠燈、聾啞人的手勢、電報的電碼、海員的旗語，以及信鴿、燈光、面具、偶像、圖像、各種儀式等等都是一種符碼。作為人類智慧高度抽象活動的產物，符碼實際上已經滲透到人類生活的各個層面、各個領域。

人類認識世界的複雜過程，首先是對形形色色的事物加以命名的過程，所謂「名不正則言不順」。「正名」首要的就是編製符碼的一種活動，即把人的感官所直覺到的信號加工改造為象徵符號或形象的一種活動。

---

❶ 〔美〕赫伯特·西蒙：《人工科學》，第六頁。

人類通過自己的編碼活動，不僅獲得了辨認和識別事物的能力，而且創造了一個具有自身的生成特性和轉換規則的符號世界。人們無時無刻不生活在符號世界中，製作符號和操作符號也就成為人的兩種基本生命活動。

　　美國的新政派曾經為富蘭克林‧羅斯福復興美國作出了重要貢獻。其中，休‧約翰遜將軍由於被羅斯福總統選中負責主持「全國復興總署」（NRA）的工作，尤其成為風頭最健的人物。為了復興和繁榮美國，約翰遜開展了一系列非常出色且富有特色的宣傳鼓勵活動。有一次，亨利‧華萊士同他談話，提及美洲土著印第安人崇拜一種被稱為「藍鷹」的神鳥，給約翰遜以極大的啟發，他便以印第安人的表意文字為藍本，畫了一隻藍鷹，作為「全國復興總署」的標誌，並在藍鷹下面寫上

‧美國藍鷹

「人盡其責」這句話。約翰遜在對報界談話時提出：「不管個人還是團體，誰要是不尊重這隻神鳥，後果自負。」

　　結果，這隻神鳥迅速地飛翔在美國大地之上，也飛進了美國人心中。在美國，凡是遵守約翰遜所制訂之法規的企業，可在廠門、店門掛上藍鷹徽；開車上街的消費者則在擋風玻璃上貼上這個圖案；《時代》周刊每期封面也印上了藍鷹徽；有四個女孩甚至在背上刺了藍鷹花紋。凡此種種令人眼花撩亂的編碼活動，鼓舞著美國人為重新過上好日子而盡職盡責。

　　約翰遜的天才創作其實在美國歷史上有著悠遠的淵源。這不僅是指驢與象早已成為美國民主與共和兩黨的標誌。在早期美國西部的茫茫牧區，養牛人為了證明遊蕩的牛群是自己的財產，曾經想出了在新生的小牛犢身體上打下烙印以作為臨時所有權憑證的絕招。每個牧場的牛仔們練就了辨別自己擁有的牛群之印記的好武藝以及用隱晦的行話讀出這些印記的高超本領。比如，「A2」叫做「大 A 二」；一個直立、下面有一條橫線的「M」叫做「懶惰的 M 橫線」；兩根外曲線把一個字母或數字分隔在兩邊就叫做「飛 T」；而一個用曲線劃出來的字母「W」則叫做「流水 W」。牧區流行的這些暗號構成了牧區文化的主脈，牧場正是按照其牛群的特殊印記來命名的，牛仔們也是通過這種渠道來證明自己的身分。美國西部的文化史名副其實地成了為牛烙印的「紋花史」。

　　「紋花」、文化或編碼是人的一種天賦智能。德國思想家恩斯特·卡西爾認為；人是符號的動物。這一文化哲學視野中的著名定義至少包含著雙重含義：首先，人與動物的根本區別在於，人天然地具有製作符號與操作符號的能力，人創造器物和自身世界的過程，同時也就是創造一個符號世界的過程；其次，人正是在其製作與操作符號的活動中製作了人本身，人

是人自身編碼化活動的產物，人只能通過這種編碼化活動去創造歷史。

卡西爾說——

> 簡而言之，我們可以說動物具有實踐的想像力和智慧，而只有人才發展了一種新的形式：符號化的想像力和智慧。❷

人類製作符號與操作符號的能力顯然同其生理機制密切關聯著。我們首先是通過感知活動，同外部世界打交道。外部世界中的光、聲、波等大量信號刺激著我們的感覺器官，使得我們彷彿在被動地承受著外部功能的信號刺激。我們看到顏色，聽到聲響，感覺到空間中物質的形態和運轉，所有這些感官直覺並非必然依賴於一整套公認的社會性符號系統。因此，我們在把外部刺激信號改造為象徵符號或形象的過程中，必然會接受上述未經編碼的信號。

但人畢竟是社會性地存在，社會的空前發展已經約定俗成地為我們製作了一張巨大無邊的語言之網，無論象形文字抑或繪畫圖案、手勢抑或舞步、樂曲抑或鼓點，都是在這張語言之網上傳遞的信息，都是業已經過加工處理的編碼信號。製作在先的語言是我們存在的家園，大眾傳播的迅速發展導致了我們所接受的信號更多的是經過編碼的符號。

令美國人感到自豪的是，對編碼成果進行專項研究的現代符號學是在美國最先產生的，其奠基人是美國的哲學家查爾斯‧皮爾士。皮爾士把人類所製作和操作的形形色色符號系統

---

❷ 卡西爾；《人論》，甘陽譯，第四十二頁。

分成三大類：「圖像」、「標誌」和「象徵」。這三類符號的區別在於各自的能指與所指的相互關係不同。「圖像」的能指完全是由所指的內在本質所決定的。比如，當使用「自由女神」這一符號時，其指稱的只能是美國的那座著名雕像，因此，「圖像」的能指表現出與其所指的一致性或一致形態。

「標誌」的認識特性在於其能指和所指處在一種相互聯繫或前後連貫的關係之中，這種聯繫既可能是空間性或時間性的，又可能是因果性的。正因如此，人們才把煙看作是火的標誌，把症狀看作是疾病的標誌，把水銀柱的升降看作是氣溫升降的標誌。

「象徵」的能指與所指之間的關係則完全是由人為法則確定的；也就是說，象徵的能指之所以是能指，僅僅在於它被用來作為特定所指的能指。

美國波音公司的第一架飛機試飛成功之後，被運送到聯邦航空總署登記註冊，並通過了檢驗，檢驗合格證書上的號碼恰巧是「70700」。為了紀念噴氣式客機的新紀元，同時也由於大多數美國人信奉「7」為幸運數，波音公司便決定以「707」作為美國第一架噴氣式客機的代號。此後，「717」、「727」、「737」、「747」、「757」、「767」、「777」、「787」、「797」相繼問世，組成了高貴的波音公司「7」氏家族。

這個「7」氏家族構成了一個象徵符號體系，波音公司選擇「7X7」來指代噴氣式飛機原本是毫無內在的必然性可言的，用其他的任何能指符號替代到這一符號體系中，新的符號體系照樣可以繼續運行。因此，象徵符號體系的能指與所指之間的這種結合完全遵循著任意性原則。

世人皆知的美國柯達照相機的命名也是一個典型的案例。

一九六三年，柯達照相機以其大眾化的自動照相技術推向市場，立即轟動全世界，其「**請您按下快門，其他事由我們來**」的廣告用語更是極其誘人。而照相機本身的命名卻有兩個苛刻的條件：一是名稱要能充分表現製品的特徵；二是要在國際上能響亮動人。在為「柯達一號」命名時，柯達公司的創始人喬治‧伊士曼喜歡語氣較強的 K，因此設想使用一個前後字母都是 K 的詞，並且在世界各國都能夠發同樣的音。結果，KODAK 一詞應運而生，風行全世界。

符碼的能指與所指之間的任意性原則使得人類的編碼化活動成為一場無休止的智力遊戲。在這種任意性原則面前，人的精神表現出極大的自由性，人類的表達慾望同語言的定性之間不斷地撞擊和整合，從而破壞了語言組合的法定邏輯以及語詞符碼能指與所指之間的定性指稱。任何語詞概念符號實近於兒童手中隨意把玩的積木，能夠不斷地變幻出各種面目的世界來。因此，任何有關「自由」概念的定義都應該包含著自由地運用符碼信號的意義。

需要特別指明的是，本書中所使用的「符碼」或「符號」概念一般是指皮爾士意義上的第三種符號，亦即作為一種象徵的符號。因為正是這種符號才既是人類智慧自由創造的產物，同時又在使用或遊戲的過程中最直觀地體現了人類智慧自由創造的本性。

造語的快感

既然象徵符號的能指與所指之間是一種偶然性、任意性的關聯，那麼人們就可以隨意地使用各種象徵符號來指稱事物，

它可以如同順手從隨身攜帶的工具箱中操起某種工具一樣簡便可行。當然，從某種程度上說，這種隨意指稱的結果與其說是造成了語言現象的混亂，不如說是精神能量的自由釋放。

在人類的文化史中，可以說一個民族文化的發展過程就是其特有之象徵符號的發展過程。因此，就文化學而言，象徵符號具有其歷史積澱的特性，繼而具有著強勁的文化控制力。但是現實社會、現實文化中的人，為了贏得文化創造的通暢途徑，總是要賦予象徵符號以新的意義或者乾脆創造一個或一套嶄新的符號。這是人們在語言控制中對自由的攫取，也是對文化囚籠的一種本能突破。人類歷史也正是在這種銜接與斷裂的交互作用中產生、發展的；自然，人的發展也經歷了一個同樣的過程。

在美國，符號創造的途徑之一就是「造語」。美國人在這種造語過程中深刻地體會到自由與突破的真正涵義；這不僅僅是一個個人心理的過程，自然也是個文化創造的過程。

赫伯特‧胡佛是一個倒楣的總統，他執政的時期恰好趕上了美國歷史上最為黑暗的時期——大蕭條時代。因此胡佛總統在職期間，備受美國公眾的譴責，甚至有人說：連狗都本能地討厭胡佛。遇上這樣不景氣的年代，胡佛確是有口難言。就連尼克森後來也說：「胡佛是一個生不逢時的總統。」

但不走運的胡佛偏偏又落在極盡自由造語之能事的美國人口中，結果自然是被嘲弄得一方痛快淋漓，一方落花流水了。美國人把「胡佛」這個名字當作一件破爛貨，發狠地往另一大堆垃圾中亂丟。於是，用破鐵罐、紙板和粗麻布搭起來的棚戶就叫做「胡佛村」；失業者手裡提著的裝著破爛玩意的口袋叫做「胡佛袋」；在北卡羅來納州，鄉下的貧民把破爛汽車前部鋸掉，套上骨瘦如柴的騾子，稱之為「胡佛車」；在公園長凳

上躺著過夜的人裹身取暖所用的舊報紙，就叫做「胡佛毯子」；窮人的衣袋翻過來，一分錢也找不到，就稱之為「胡佛旗」；被饑餓的農民抓來吃的野兔，就叫做「胡佛豬」。

美國人民這一系列的「胡佛」造語能夠使他們內心抑鬱已久的情緒宣洩出來，同時對於整個社會來說，也起了「安全閥」的作用。

就這些造語活動本身而言，它拆散了「胡佛」這一語詞符號同胡佛這個人的一一對應關係，實際上是把「胡佛」加以「雙關語化」：它既指胡佛以及胡佛所代表的美國政府，同時又與「可惡」、「該死」、「醜陋」、「破舊」、「一無所有」等等貶義詞等義。

由於文學創作本質而言是精神的一種自由創造，因此「雙關語化」的語詞創造活動在文學作品中更是經常性地出現。美國劇作家亞瑟·米勒在其《推銷員之死》中描述了巡迴推銷員威利·洛曼為錯誤的夢想而死的悲劇人生，打破了「人人可以成功」的美國神話。而小說主人公威利·洛曼（Lowman）的名字本身就暗示著他是屬於社會低層的人物。同樣，另一位美國小說家約翰·厄普代克在其《兔子三部曲》中把主人公命名為哈里·安斯特羅姆（Harry Angstrom），也是一語雙關。Angstrom 是由丹麥字 Angst（意為焦慮）派生而來，表明厄普代克受丹麥哲學家克爾凱廓爾思想的影響。厄普代克認為，只有這種雙關語才能夠最好地體現第二次世界大戰以後美國社會的文化特徵和精神特徵。

自由造語的快感並非唯一地在雙關語中才能獲得；但雙關語卻必然反映了造語的自由。因此，美語中大量雙關語的存在就是美國人自由造語智慧的一個精緻索引。

有一位名叫馬米·馬可羅的教師堅信樹立自信心是每個學

生取得成就的**關鍵**，於是對學生採取了一套獨特的訓導方法。他要求每個學生把錫罐帶到班上來（錫罐 can 正是一個雙關語，同時表示「能」），並且讓學生在自己的錫罐上貼一個「眼睛」的圖畫（眼睛 eye 的英文發音與英文字母 I 相同，I 即「我」）。經過這種編碼，每個錫罐竟然成為鼓勵學生提高自信心的「我能」（I can）的象徵。通過相關語的巧妙設置，這位老師把平常對學生教條的灌輸變為形象的教育，自然會收到意想不到的好而又好的效果。

角色：自我的符碼

從發生學上講，美國人自由造語的符碼化能力是同他們的自我認同感相關的。發展心理學的創始者皮亞傑曾經認為：兒童認知心理的形成和發展是從先天的「圖式」開始，後天所獲得的認識乃是人的感知同化到先天「圖式」中去的結果。

後來，美國科學哲學家托馬斯‧庫恩把這種圖式進一步擴展到作為科學研究共同體一體化價值信念的範式，認為不同的範式指導著不同類型之科學共同體的探究活動。事實上，正是這些個體的圖式和群體的範式，構成了人們認識世界的一種內在尺度，蘊含著任何真正具有反思能力的認識首先也就是一種自我認知。人只有認識自己，才能認識自己所處的世界。

認識自我形象的途徑有許多種，其中人的命名在時間上最先，在影響上也最大。在表意文字系統如漢語中，父母使用具有人格魅力和美好前景蘊涵的各種字詞為嬰兒命名，寄托著對未來的深情厚望。這種命名過程高度濃縮了人之自我認識的全部過程，從而成為此後人之認識自我活動的原型：我們每個人

的自我形象都是由他人對我們的審視、想像、期望和憂慮所形成的，即如威廉‧詹姆士在《心理學原理》中所說：「一個人，有多少人賞識他並在心中隨帶著關於他的形象，那麼他便會有多少個社會自我存在。」

表意文字系統中命名的重要性，使得面相學、手相學、字相學以及星相學等等具有神秘色彩的「手藝」中，又添增了一門新行當——「名相學」（此處的〔名相〕絕非佛學中的專名）。以原有的名字推知現時的狀況，或者以現有的名字預測未來，是由於設定了這樣一條基本原理：人的自我形象同他人的關切是相聯繫的。

這實際上依據的是一種「皮格馬利翁效應」：皮格馬利翁是希臘神話中塞浦路斯國的國王。他對一座少女雕像產生了愛慕之情。長此以往，少女雕像後來竟然真的活起來了。少女從基座上款款而下，使皮格馬利翁的願望得到了最終實現。少女雕像之所以能夠成活，正是皮格馬利翁左右守候、夜思日想的真摯感情使然的。

值得注意的是，就命名而言，「皮格馬利翁效應」只有在表意文字系統中才能發生；到了表音文字系統如英語，嬰兒的命名對以後自我形象的確立似乎並無多大影響，「理查」、「湯姆」、「傑克」、「約翰」等等名字就僅僅只是一個個發音符號。在表音文字系統中，名字同自我形象脫離。從這個意義上說，命名是任意的。但是，由於「理查」等名字本身有自己的典故，並同一定的歷史人物聯繫在一起，因此，這樣的命名也可能產生「皮格馬利翁效應」。

此外，還有另一種意義上的「皮格馬利翁效應」。本世紀六十年代，美國人羅森塔爾和雅各布遜便發現：「皮格馬利翁效應」在學校教育中發揮著重要作用。

他們做了這樣的實驗：先對一個班的小學生作「預測未來發展的測驗」，然後偽托測驗結果，隨機地抽取一些孩子的名單，告訴任課教師這些孩子各自的性格特點及他們各自可能發展的前途。由於事先進行了測驗，教師們就確信名單上的孩子具有發展可能，從而對他們充滿了希望。

幾個月後，這些孩子的智力真像老師期待的那樣得到很大的提高。在這一過程中，教師的期待實際上自覺不自覺地變成了更多的鼓勵、關心和指導，從而增強了學生的自信心。自我形象在他人的期待視野中形成，實在使人不再有什麼理由產生自高自大、自負自傲的心理；自我的發展在極大的程度上可以歸附到他人的影響上。

根據他人的關切來確定自我形象，等於是把他人看作是一面鏡子；只有經常對照這面鏡子，才能時時折射和不斷調整自我形象。

美國社會學家查爾斯‧庫利曾經提出「鏡中我」的概念。他認為，自我是在與他人的交往中才得以呈現的。個體之間在交往活動中相互理解對方的意思，並從他人的觀點中看到自己。庫利把在他人如何評論我的過程中產生的自我感或自我態度的過程稱為「鏡中我」，而這種自我形成的主要時期是在兒童時期，因為具有私人關係或密切關係的小群體對於形成人們的自我感或自我態度是最為重要的。

兒童期所確定的這種鏡像心理一直支配著人們對自我形象的建構。按照社會學理論的普遍解釋，所謂「自我形象」，就是「角色」。美國社會學家喬治‧米德把角色概念首次引入社會學時，將之定義為：「人占有一定的位置，並且承擔一定的權利和義務。」後來，美國的人類學家林頓不滿於這種一般性的概括，更為精緻地在角色和地位之間作了區分，認為角色是

占據某種地位的人為他人所期望的行為，而地位則是人們在特定社會系統中的職位或身分。例如，年齡、性別、親屬關係就是天生安排好的「歸屬地位」，而頭銜、職位則是在變動的社會生活中所得到的「獲致地位」。

林頓的劃分並其實沒有多少實質性的內涵，因為從最為廣泛的意義上講，人就是角色，每個人的形象就是這個人在社會舞台上所扮演的角色，person 一詞從古羅馬戲劇演員的面具 persona 那裡起步，真與不真的含義已逐漸消失，從而演化為完整之人的重要組成部分。

這樣，確立自我形象的過程同時成了把各種角色、歸屬地位和獲致地位加以總組裝的過程。丹尼爾·貝爾以最簡潔的方式表達了確立自我意識的變化過程：對於「你是誰？」這個典型的身分問題，墨守傳統的人通常總是回答：「我是我父親的兒子。」古英語的姓名遺跡中便殘留著這種思維成果，如 Johnson、Jackson、Thomson 等等姓名，實際表達的是「約翰之子」、「傑克之子」、「湯姆之子」。而今天的人們對「你是誰？」的問題作出了這樣的回答：「我就是我，我是自己的產物，在選擇和行動的過程中不盡地創造自己。」❸

如今，在一般美國人的口袋裡，總是裝著不下二十個複雜的號碼：郵區代號、居住區代號、血型號、駕駛執照號、汽車牌照號、社會保險登記號、賒購帳號、支票戶頭號，以及人壽保險單、護照、出生證、結婚證、抵押契據……所有這些符碼組合起來，構成了一種文化的「超我」，共同支持著美國人的自我形象。

---

❸　參見丹尼爾·貝爾：《資本主義文化矛盾》，趙一凡、蒲隆、任曉晉譯，第一三七頁。

儀式：世俗化符碼

一九〇五年，馬克斯・韋伯訪問美國，深為美國人強烈的結社衝動所感奮。這位以探究資本主義精神原型著稱於世的德國思想大師從中敏銳地發現：從封閉的等級體制向散件化個人主義的轉變並不是一種「格式塔轉換」或「範式」轉型，其間的聯結過渡帶正是由人們自覺自願建立起來的團體填補的。因此，自願結社為維持個人化的美國社會起到了關鍵作用。

強烈的結社衝動直接反映為俱樂部多、團體多。在美國，賓士牌轎車擁有者、瑪丹娜的發燒友可以結社；堅信只有鳥類才會飛行的人組成了「人類永遠不會飛行俱樂部」；同「國際天才俱樂部」相對抗的是以蠢才自居的「蠢人俱樂部」；那些反對收看電視者更是結成了「根除電視俱樂部」。

孤獨感一向是解釋這種結社衝動的有利視角。在等級制社會，每個人都能意識到自己所處的地位、所擁有的身分，因而孤獨可以看作是能夠容忍的。而在美國這樣一個變動不居的非等級制社會中，每個人的身分和地位是不固定的、虛空的，只有加入婦女俱樂部或美食家俱樂部中，似乎才能擺脫孤獨，擺脫寂寞與無奈，從而確認自己在社會中的確定身分。

然而，從孤獨的心理出發探究結社的衝動，並不是、也不可能是唯一的途徑。有一種名為「沉默者原理」（Dummy Theorem）的說法便提出：團體的建成並不意味著最後避難所的完成，任何團體在不斷發展以至達到飽和或臨界狀態之後，都會自身解體，繼而分化為若干個小的團體，直到不能再繼續分化為止。這是一個典型的社會群體消解再造的過程。

這條原理的具體表述是──

在任意一個有 n 個人的團體中，又有 n 個人是沉默者，k／n 之值是一個大於或等於 2／3 的常數。

也就是說，在任意一個團體中將至少會有 2／3 的人是沉默者，這 2／3 的人在沉思默察中重新選擇團結的對象，於是連這種沉默的姿態本身甚至都成為一種認同的標誌。

文化人類學家馬格麗特·米德注意到：美國人彼此首次相遇時，雙方都是敬而遠之的；但到了第二次見面時，卻居然會有新朋如故友的感覺。

這種現象如果被納入符碼化的智慧運作系統中，就可以作如下的理解：當兩人首次見面時，對方往往被看作是一個形象，或者至多是一個圖像；到了下一次見面的時候，對方則變成了圖像的圖像，成為一種象徵性的符號臨現在他的面前。

事實上，在任何複雜的社會系統中，不同經歷和背景的人們往往都會尋求某種共同的社會語言來消除把他們分離開來的隔閡經驗；法國社會學家杜克海姆稱這種共同的社會語言為「集體表象」，它包括各種具有宗教象徵意味的儀式以及史詩、戲劇、祭禮、盛大的集會（如古希臘奧林匹亞大會）等等形式。

美國人發達的符碼化智慧也是同暗戀「集體表象」聯繫在一起的，這些「集體表象」通過塵世化的大眾傳播媒介得以表現：籃球比賽或橄欖球比賽，好萊塢電影或電視中的拳擊和馬術表演，諷刺劇、音樂劇、肥皂劇……大眾傳播媒介的傳導方式和戲劇化表現方式徹底消除了形象與現實、隱喻與現實之間的界限。

這裡不妨以肥皂劇為例，來考察一下「集體表象」與大眾傳播媒介的姻緣關係。肥皂劇是當今電視節目中日益崛起的一種故

事劇劇種，它把一系列冗長的劇情串聯在一起，每一集都在重複運用著同一個模式，客觀上強化著肥皂劇的符碼化特性。因此，大眾傳媒成了美國的「第二政府」，它所提供的種種象徵符號本質上同「集體表象」是相一致的，從而表明了美國人的一種矛盾心理：他們一方面希望任何事情都在光天化日之下發生，另一方面又暗中迷戀著各種神祕誘人的象徵符號或儀式。

儀式所起的作用是其他許多種維繫力量所無法替代的。各種各樣的競賽、獎勵、會見和集會等活動每天都在社會的現實生活中發生著，進而對每個人的心理和行為產生著重大的影響。在 IBM 公司，全體職員增進相互間的認同和團體認同的一個最有效的手段就是經常性地合唱 IBM 會歌《永遠前進——永遠前進》——

> 是精神給我們帶來名聲！
> 我們是強大的，但我們將更強大。
> 我們不會失敗，因為誰都知道，
> 為人類服務一貫是我們的目的。
> 我們的產品如今無處不知曉，
> 我們的信譽像寶石一樣閃耀。
> 我們開拓了自己的道路？
> 我們還一定要征服新領域。
> IBM 永遠前進！

通過反覆詠唱，IBM 會歌已經不再僅僅是一種文本事實，而是成為一種功能過程，這種儀式作為「一種歷史性的協同行

為」❹獲得了某種連續性。

儀式對於世俗化的美國人形成自身的生活現實和社會現實起到了舉足輕重的作用。在此，我們不妨引用美國著名學者詹姆士·羅伯遜關於儀式的詳盡論述作結——

> 儀式通過人們普遍接受的動作、姿態、言語、建築式樣、服飾、陳設和舞蹈，表現對特定社會來說極其重要（其重要的是該社會的特定神話和理想問題）的社會理想、故事、神話、奧祕，是一種抽象的戲劇性場面或表演。由於儀式引發了強烈的情感，所以它使參與者（「演員」、〔運動員〕和〔觀眾〕）強烈地感覺到這種戲劇性場面是真實的。一旦一種儀式創造出來並為人們所接受，它就會產生出自己的神話——合乎邏輯的解釋、不斷增多的故事、對其戲劇性場面功效（即現實性）的證明；這種神話反過來又成為該儀式的神祕性、重要性和社會現實性的一部分。❺

上帝：空洞的能指

上帝的神性照亮和喚醒了人類的智慧，這種非知識性的智慧使得人們能夠自恃地生活在這個世界上，同時又使得幸福與痛苦、歡悅與悲傷、榮譽與恥辱成為人類所要面對的不可避免

---

❹ 參見羅蘭·巴特：《符號學原理》，李幼蒸譯，第七十頁。
❺ 〔美〕詹姆士·O·羅伯遜：《美國神話美國現實》，賈秀東等譯，第三二五頁。

的東西。然而在上帝巨大的光輝籠罩下，人類的符碼化智慧又無可逃避地返照上帝。這是一個無比巨大而又深不可測的深淵，是智慧的深淵、光的深淵。敢於面對這個深淵的人曾這樣宣告：這個無處不在的裂隙是希望之源。

紐約市非官方的聖歌唱道：「如果我能在那裡立住腳跟，我何處不能成功？」

最早到達美洲的清教徒之所以能夠在那裡的險惡環境中立住腳跟，並且處處獲得成功，靠的也正是上帝。

美國人至今對於這一點仍深信不疑。

於是，「上帝」一詞成為他們宗教信仰的核心。

於是，他們在美國硬幣上鑄刻了這樣的字句：「我們信靠上帝！」

幾乎沒有什麼人認為這種鑄刻行為會產生什麼負面的效應——把信仰宣言鑄刻在人人信靠的準硬通貨上，不是對上帝表示最大的虔誠嗎？人人都真心實意地這麼想。

唯一的例外是，西奧多・羅斯福。這位美國第廿六任總統警覺地發現：在硬幣上鑄刻這樣的字句是一種地地道道的符碼化行為，這種行為本身成為對上帝的最大褻瀆。因為《聖經》「十誡」的第二誡便曾明確禁止這類行為：「不可為自己雕刻偶像，也不可作什麼形象彷彿天上、地下和地底下、水中的產物。」❻於是在一九〇七年，羅斯福授權雕刻家高頓斯改變十美元和二十美元金幣的設計，將「我們信靠上帝」的字樣徹底去掉。

在他們看來，一位必須依靠人去證明其存在的上帝，最終不過是一位不具神性的上帝。要靠把上帝鑄造在錢幣上來提醒人們時時想到這位人類之主，從而顯現出上帝的存在，這種行

---

❻　《舊約・出埃及記》第二十章。

・「我們信靠上帝！」（右一上方）

為本身非但無法證明上帝，而且這種證明的結果與瀆神沒有差別。在他們眼中，信仰與認知根本是兩個不同的世界。

但是此舉卻立即遭到神職人員的激烈反對。迫於壓力，羅斯福不得不親自簽署在金幣上恢復「我們信靠上帝」字句的議案，並使之具有法律效力。一次有歷史意義的改革政舉宣告破產。有意思的是，在這一事件中，身為上帝福音傳授者的神職人員沒有遵循上帝的戒律，而身為美國世俗領袖的羅斯福卻直接要求以天上的律法來使人民真正成為上帝的臣民。

顯而易見，在這裡，「上帝」的概念一直在變化，作為實體而存在的中世紀式上帝已被徹底拋棄；上帝也不再只是存在於美國人的心靈之中，而是更直接地在人類活動中與人遭遇。在美國人看來，無法談論上帝，但能夠談論人。

其實，歷史發展到西奧多・羅斯福的時代，把上帝視為一種符碼已經成為一個約定俗成的事實。羅斯福之後的美國第三

十任總統卡爾文‧柯立芝認定美國的事業及希望在於大搞實業，於是提出：「建一座工廠就是蓋一座聖殿，在工廠幹活就是在那裡做禮拜。」從此，實業替代了上帝，成為人們狂熱地獻身於其中的崇拜對象。

在這裡，我們同樣能輕易地看到「上帝」概念的變化。在基督教中，上帝應該是「絕對」的別名，「絕對」即意味著「無對」，不可能有任何東西與之相對，從而就是「無限」。而在這裡，人們不但把上帝當作一個認知的對象，並且是當成一個實在的參與性對象，那麼上帝作為絕對而存在就絕無可能。將上帝從絕對的寶座上拉下，使人們在現實的社會生活中直接面對上帝，這正是美國人實用智慧的體現。

一位名叫布魯斯‧巴頓的美國人躬逢其時，便在他那本關於耶穌基督的暢銷書《不為人所了解的人》中寫下驚世駭俗的奇論：「若耶穌在世，他也會到廣告社去當會計主任。」[7]

美國社會學家 R‧貝拉曾經把美國人圍繞著上帝而展開的宗教崇拜命名為「國家命運崇拜」，即認為只有自己所在的民族和國家的成功才是上帝恩寵的最好表徵。這種「國家命運崇拜」實質上包含著上帝符碼化的轉換過程。

到了本世紀五十年代，艾森豪‧威爾更是把全民性的宗教同「國家命運崇拜」成功地融合在一起。一九五四年，艾森豪‧威爾就任美國總統，舉行了極具宗教色彩的就職典禮：他自己所乘坐的轎車排列在盛大遊行隊伍最前列，被人們稱為「上帝的彩車」。資助他競選的富翁們所乘坐的豪華轎車則緊隨「上帝的彩車」之後。在就職典禮的演講中，艾森豪‧威爾

---

[7] 參見《光榮與夢想 —— 一九三二—一九七二年美國實錄》第一冊，第三十三頁。

宣稱：「本政府除非建立在一種深入人心的宗教信仰——我不管是什麼信仰——的基礎上，否則就沒有意義。」也就是在同一年，美國國會的《效忠誓詞》中寫進了同樣是符碼化成果的「上帝高高在上」的華麗詞句。兩年以後，「我們信靠上帝」幾乎成了所有美國官員的座右銘。可以說，宗教在一個時代的盛行，同時也就伴隨著符碼化運思方式的盛行；宗教本身的意義便不再只是單純的崇拜，而是成為一種人們與他人、與社會互相交流、互相溝通的可能中介。在美國，宗教便是這樣的一種形式，而上帝則是一種符碼，是美國政府維繫社會公共道德和價值觀念的有效手段。

在符碼化的運思系統中，「上帝」成了一個空洞的能指，不再擁有確切的所指與其相對應。這是人類抽象化思維的普遍結果之一。抽象化也就意味著：語詞符碼已經同它原有的使用情景完全脫離，再也難以返回到原來的生活之流。這種抽象化發生在「上帝」一詞之上是別有意味的。

本世紀六十年代以來，經過黑人反抗、青年造反、女權運動大風暴的數度衝擊，很難再有什麼東西可以在美國被當作是神聖的了。女權運動的激進目標之一，就是要把「上帝」——這一符碼——從男性改為女性。

一九六六年復活節的前一周，《時代》周刊在其封面上赫然登出一個令所有美國人都大為尷尬的問題：「**上帝死了嗎？**」於是引起了神學上的一場激烈辯論。不難想見，這場辯論很大程度上只是又一場符碼的智力遊戲。「上帝」總是被作為人們所面對的東西在談論著，「上帝」無法行動也無需行動，因為人們已經在行動著。當時一條張貼在汽車上的標語就作出了在這種符碼化運思驅使下所做出的引人注目的回答：「**上帝活著，躲藏在阿根廷。**」

Chapter 7
權力：智慧的魔方

在英語中，「權力」和「力量」是同一個詞叫「power」，人們無時無刻不在自己的思想和行為中表達著自己的「力量」或「權力」。

從外在形態上看，由臂力而展示的「力量」或「權力」更能夠為人們所清楚明白地把握，而由語言的運用和知識的運用所生發出來的「力量」或「權力」則很難為人們所察覺。其實，這後一種「力量」或「權力」，在一定程度上更能夠展示人類智慧的力量。

霍爾智力圈

人們的交往活動是在一定的物理空間中才得以展開的，因而這種交往活動總是通過人與人之間所保持的空間間距而得以測度。人與人之間的距離並不是純粹物理學意義上的空間距離。牛頓曾經揭示出事物之間所普遍存在的萬有引力。與此相

比，人與人在社會公共生活中所保持的距離，除了萬有引力的普遍效應外，更多的則是人的內在心理距離的外在化表現。也就是說，人們能夠經常有意無意地運用同他人所保持的某種距離來表達自己的心理活動，從而收到其他途徑所無法實現的效果。因此，人與人之間的空間距離帶有濃重的人文色彩。

一九六五年，美國總統林頓·詹森同蘇聯總理阿列克謝·柯錫金舉行美蘇最高級會議，選擇會議的適當地點卻成為美蘇雙方都感到棘手的難題。因為從當時的世界局勢來看，東西方正處在冷戰時期，美蘇兩方都對對方採取毫不妥協、毫不和解的姿態，兩位領導人誰都不打算到對方門上去登門求教。如此鬥來鬥去，最後總算尋找到一個令雙方都能接受的折衷方案，即選擇美國新澤西州格拉斯博羅州立大學校長的塔式石砌樓住宅霍利布什樓作為雙方最高層會晤的地點。

乍看，這座霍利布什樓一沒有名氣、二沒有什麼明顯的特異之處，為什麼卻成為冷戰時期美蘇兩國首腦相互抬槓的籌碼，並且從此一舉出名？真正的原因就在於：從空間性的地理位置上看，格拉斯博羅恰好處在美國首都華盛頓同紐約聯合國總部的中間位置上，而柯錫金本人當時也正好在聯合國總部，於是，霍利布什樓也就成為雙方鬥爭和妥協的象徵。

在這起鬥爭過程中，空間位置和空間距離顯然就不是純粹物理學意義上的。空間距離的尺度成為兩國領導人心理鬥爭的尺度，因此，也只有在空間距離上擺平（即使是象徵性的），才能夠獲得心理上的平衡。

美國人類學家愛德華·霍爾（Edward Hall）對人類交往活動中人與人之間的間距感興趣，並做了廣泛而深入的研究。他通過自己細緻的觀察描繪道：「大多數美國人都遵循一個原則……這個原則就是：當一個人在公共場所一停下來或坐下來

時，他的周圍便存在一個被人看作是他獨處、不可侵犯的小領域。這個領域的寬窄隨著擁擠程度、年齡、性別、人物的重要性以及一般環境的變化而變化。進入這個區域並且停在那裡的任何人都是在入侵這個領域。事實上，一個入侵的陌生人，即或是為了特殊目的，都要承認他已「入侵了」這個事實；他總要開口先說：『對不起，你能告訴我……？』」❶

　　根據霍爾的觀察，美國人在日常社會生活的交往過程中所保持的空間距離，可以典型地劃分為四種類型：即：親密圈、個人圈、社會圈和公共圈。並且，四種位置的距離都可加以精確的測度——

　　親密圈：範圍為〇～十八吋，其中近段為〇～六吋，遠段為六～十八吋。美國人只有在好友和情人之間才保持這個距離，視覺、聽覺、觸覺、嗅覺雖然均可在親密圈內得到運用，但真正詳盡的交流機會並不多。因而美國人很少在公共場合進入親密圈，而親密圈所規定的距離也只能是求愛、安慰和保護的距離。

　　個人圈：範圍為一‧五～四呎，其中近段為一‧五～二‧五呎，遠段為二‧五～四呎，普遍適用於公共場合，是美國人正常或標準的交往距離。

　　社會圈：範圍為四～十二呎，其中近段為四～七呎，遠段為七～十二呎，為美國人在公共、商業和社交場合使用；即當人們需要與他人交往，而又不需要以過分親密或熱情的方式進行時，便保持這一距離。因此，社會圈所規定的距離是處理非個人事務的距離；參加偶然之聚會的人也站在這個距離上。

---

❶　〔美〕E‧霍爾：《隱藏的方面》，紐約鐵錨出版社，一九六六年，第一五五頁。

公共圈：範圍在十二呎以上，其中近段為十二～二十五呎，遠段為二十五呎以上。這一距離通常為地位高的人士所使用。在公共場所發表演講的人與聽眾中離他最近的人之間的距離就是公共圈的典型距離。另外，三十呎幾乎總是為重要的名人規定的距離。

　　在現實的交往活動中，任何人都不可能完全按照霍爾所確定的精密尺度進行丈量，以定行止，但各種類型的無形尺度無疑是存在著的；這實際上是人類在長期的群體生活中所不斷校正著的生命活動尺度或本能尺度。

　　在現實生活中可以經常看到這樣的現象：某個人稍不小心或迫不得已，在公共場合走進他人的親密圈（按霍爾的標準是〇～十八吋），他或她一般總是本能地緊縮自己的身體，以免碰及他人，或者眼睛毫無表情地盯著某一個方向，盡力減少顯現自己不安的心理，從而表明自己的交往關係不願受到他人的誤解。

　　凡此種種反應表明，生命活動的尺度或本能的尺度並不是一種虛幻物；各種生命活動尺度的範圍差別，實質上也就反映了各個生活群體思維形態的差別。

　　當然，任何空間距離都不是一片空白，在交往活動中，人們之間保持的距離就更不是空洞無形的空白。這種距離為人們提供了一種媒介或傳感渠道，人的各種感覺活動通過這一媒介相互影響、相互較勁，從而激活人與人之間的一種無形力場，使得交往活動中的距離成為一種「必要的張力」。

　　霍爾曾經在另一部著作中形象地描繪了人與人相互間的感情力場：「以氣憤的情緒互相爭論的人強調自己的論點時，總是越湊越近並大喊大叫，好像這才是正常的。同樣，正如任何女人都知道的——一個男人開始產生愛的衝動的最初跡象之一

就是向女人一步步靠近。如果女的不是同樣感到有意的話，她會用向後移動來表示拒絕。」[2]

霍爾描述的這種交往確實是一種趨進與伸延的張力過程，其中滲透著一種力的結構。它是力與距離的一種平衡、力與距離的一種調適。

距離產生力，絕對的距離產生絕對的力。傳統的藝術觀便以為，藝術是一種沉思性的活動，藝術欣賞者由於同經驗保持一種審美距離，因而獲得了支配和控制這種經驗的力量。尼采也是把人的交往活動看作是一種生命向力的測度，是人類所本能具有的「自我保存」和「自我增長」兩種基本生命衝力的產物。

> 我們的物理學家用以創造了上帝和世界那個無往不勝的「力」之概念，仍須加以充實。因為，又須把一種內在的意義賦予這個概念，我稱之為「權力意志」，即：貪得無厭地要求顯示權力；或者，作為創造性的本能來運用、行使權力，等等。[3]

在尼采的思想框架中，自我保存表述的僅僅是人類最低限度的要求，自我增長的衝力必然導致力量的衝突和權力的鬥爭。因此，尼采告誡人們，千萬不要自欺欺人地設定公正、平等這些至高無上的空洞原則，因為公正、平等僅僅是力量衝突

---

[2] E・霍爾：《寂靜的語言》，紐約雙日出版社，一九五九年，第三十八頁。

[3] 〔德〕弗里德里希・尼采：《權力意志》；張念東、凌素心譯，第一五四頁。

和權力鬥爭過程中一種暫時的穩定狀態，唯有權力意志才是人類進步與未來的原動力，是人的真正本質所在。

把力量或權力泛化為人與人之間全部關係的尺度，使我們得以從一個明晰的角度看清交往活動的實質。交往活動的位置距離不是純粹物理學意義上的空間距離，純粹的心理學解釋也不足以說明問題的全部。

霍爾提出的四種位距圈是美國人的生活智力圈，它實際上提出了活的智慧的參照標準；因為真正活的智慧並不表現為嚴格遵守這些程式化、標準化的智力圈，而是表現為對這些智力圈的不斷突破和超越，在這種突破和超越的活動中，人們實現著控制自己和控制他人的權力意志。

托夫勒魔方

把力量或權力泛化為人類生活關係的全部尺度，可以使我們有理由把整部人類歷史看作是一部力量不斷衝突、權力不斷更替的歷史。

艾文・托夫勒（1928-2016）正是這樣一位站在權力史的高度重新審視人類歷史的思想家，他的著書立說也潛在地化成了權力，滲透進美國社會的現實生活。

三十多年來，托夫勒以其震撼性的預言，對當代人類思想產生了深刻而廣泛的影響。這位享譽全球的美國未來學家每隔十年即出版一部具有轟動效應的著作；一九七〇年出版《未來的衝擊》，考察了時代變革對人及其組織的影響過程；一九八〇年出版《第三次浪潮》（編按・台譯第三波），著重闡明了時代變革的方向；一九九〇年出版以權力史重新詮釋人類文明

歷程的著作《權力的轉移》。

　　《權力的轉移》著重探討了時代變革歷程中的控制力量。托夫勒以為，權力是有目的、有意識地控制他人的一種力量。「它是各種人際關係不可分割的組成部分。它影響著我們的一切：我們的性關係、我們擁有的工作、我們駕駛的汽車、我們觀看的電視、我們追求的希望……我們是權力的產物。」❹

　　顯然，權力在托夫勒那裡業已成為一種無所不在的力量：在神秘王國，魔鏡、咒語、夢境都充當了控制手段或支配工具；在私人生活領域，父母可以用一美元誘哄孩子，或者打孩子的耳光以使之服貼聽命；在社會政治領域，一個政府可以囚禁持不同政見者，從經濟上對批評者進行罰款，或者收買自己的支持者，為維護表面的一致性而控制真相。「臨近廿一世紀的知識、財富和暴力」作為《權力的轉移》一書的副標題，表明迄今為止，所有的人類力量都被托夫勒分解為三種基本形態：暴力、財富以及知識。

　　三種權力形式之間不僅存在著量的差異，而且有著質的區別。暴力以肌肉膂力為原型，帶有明顯的威脅姿態；而「哪裡有壓迫，哪裡就有反抗」，一定的威脅和控制必然導致同等甚或更有力的對抗和反控制。因此，暴力永遠沉陷在威脅與反抗的輪迴中難以尋活逃脫，只能被視為一種低質權力。與此相較，財富不僅可以消極地用作威脅和懲罰的工具，而且可以積極地用於獎賞和激勵，財富因而能娩生出中等質量的權力。

　　托夫勒把知識看作真正高質量的權力。不過，這裡所說的「知識」已經不再是圍於作為實際經驗概括成果的理論抽象，而是一種最具廣泛意義的知識，「包括信息、數據、圖像、想

---

❹　〔美〕艾文‧托夫勒；《權力的轉移》，劉江等譯，第九頁。

像、態度、價值觀以及其他社會的象徵性產物。」❺暴力與財富可以直觀地反映為一定的數量和比值，而知識則首先是一種質的規定，雖然人們也常常使用「知識面」和「知識量」等空間化、計量化的詞語來摹狀它。知識已經遠遠超越了它以前的狹窄概念，而真實地昇華為人們社會生活的權力原則。

說起對美國未來社會發展的研究，著名的社會學家丹尼爾·貝爾則是「後工業社會」理論的發起人。貝爾認為，權力問題對後工業社會而言確實是一個非常關鍵的問題，因為任何一個社會形態中，權力的方向始終主導著歷史發展的方向。「後工業社會裡，專門技術是取得權力的基礎，教育是取得權力的方式；通過這種方式出現的人們（或者集團中的傑出人物）是科學。」❻

貝爾把整個歷史發展分為：前工業社會、工業社會、後工業社會等三個階段。

在前工業社會中，社會活動是以農場或種植園為場所的，而這種場所培養起來的統治人物是地主和軍人，因而它取得權力的途徑也只能是武力。所有這些前工業社會的特徵都歸結於它以土地作為最根本的資源。

工業社會則不同，其統治人物企業家是通過公司企業的社會生產去間接影響政治的，因而它必然以繼承和贊助作為取得權力的途徑，並以機器作為其最根本的社會資源。

後工業社會的來臨則預示了社會結構的根本變化。大學和研究機構作為社會主要的活動場所，以教育的手段培養出這個

---

❺　〔美〕艾文·托夫勒：《權力的轉移》，劉江等譯，第九頁。
❻　丹尼爾·貝爾；《後工業社會的來臨》，高銛、王宏周、魏章玲譯，第三九七頁。

社會的權力統治者——科學家和研究人員，因此它的最重要的社會資源必然是——知識。這是社會一個翻天覆地的變化，它第一次使得人類的智能產品得到徹底的解放。

美國是當今世界領天下之先的發達國家，貝爾關於知識和智慧對未來社會之主導作用的深悟洞識本身就是美利堅民族智慧與勇氣的縮影。況且，這種智慧所導引的未來方向已逾越了民族之限，它預示著整個人類的前景。

「知識就是力量」這一古老的警句早在培根之前就已對人類發揮著普遍的訓導作用，但它往往被人們誤解與誤傳，以為知識作為一種力量，能夠自動實現。事實上，作為固化的形態或體系而存在的知識僅僅是一種潛在的力量，只有將知識組織成確定的行動計畫並且導向一個明確目標時，知識才能生成為力量。

托夫勒預言：「明天在所有人類領域出現的全球性權力之爭的核心，就是如何控制知識。」[7]這是對民主社會權力控制的樂觀展望，因為，「從定義上說，武力和財富是強者和富人的特徵，而知識的真正革命性特徵則是：弱者和窮人也可以掌握知識。」因此，「知識是最民主的權力之源。」[8]

人類歷史的發展，實質上也就是暴力、財富和知識三種隱喻性權力由低級到高級的發展，即使民主高度發達的社會也都存在著權力控制。尤其重要的是，知識成為民主社會的主流權力，並不意味著暴力和財富的完全隱退；相反，暴力和財富倚靠知識，仍然變相地發揮著效力。三種權力形式實際上組合成一塊巨大的魔方，在人類智慧的推動下幻化出各種權力形式和

---

[7] 〔美〕艾文・托夫勒：《權力的轉移》，劉江等譯，第二十八頁。
[8] 〔美〕艾文，托夫勒；《權力的轉移》，劉江等譯，第二十八頁。

各種社會形態來。

知識的控制

　　知識很大程度上是通過語言符號來實現向權力轉化的。在原始思維型的社會中，巫術和咒語之所以能夠風行不衰，關鍵就在於語言的使用本身實質上是一種社會控制的權力。美國文化人類學家羅伯特・墨菲教授就曾經注意到，在美洲土著印第安人所崇奉的薩滿教中，薩滿總是通過運用各種符咒來治病救人或預言未來。作為宗教實踐者，薩滿具有一種超自然的魔力，這種魔力來源於他掌握神秘符咒，從而同超自然的神靈世界相溝通的能力。

　　墨菲指出：「著迷、狂迷和著魔是世界各地宗教的常見特徵，從聖靈降臨主義『用方言說話』的現象到幻覺追求，莫不如此。」❾因此，符咒能夠有效地施行，完全得益於「概念有靈論」或「名稱有機體論」的原始思維，因為在人類的初民看來，反覆念叨神祇的名字就能夠得到神助，反覆咒罵某個人的名字就可以致其傷害。這裡，名字自身的性質已經發生了變化，它全然超過了常有的指稱作用，而實際上成為有機體的重要組成部分；或者說，名字就是有機體本身。

　　語言之所以能夠作為一種控制權力，乃是由於人們根深柢固地設定了語言與思維的一致性以及思維與現實的一致性。

　　美國結構主義語言學家諾姆・喬姆斯基把語言結構劃分為

---

❾　〔美〕羅伯特・F・墨菲：《文化與社會人類學引論》，王卓君、呂迺基譯，第二二四頁。

表層結構與深層結構兩個層面，認為深層結構是人在說話之前就已存在於腦中的一種概念，表層結構則是人在說話時所說出的句子，所有表層結構都可以通過深層結構轉換而成。

喬姆斯基所發動的這場「語言學革命」，實質上是在精緻化的方向上探討了語言與思維的相互關聯。在喬姆斯基那裡，深層結構就是語言的表達能力和控制能力的凝聚地。因而，語言學的陣地就從語言現象走到語言能力中來。

在作為現代世俗社會的美國，廣告可以說是語言控制的最常見形式之一。當然，從商業史和大眾傳播史上講，現代廣告肯定不是從美國產生的，但是社會發展史表明，美國人對廣告的利用與扶植卻超過了世界上任何一個國家，以至廣告成為影響最為廣泛的通俗文化形式。在美國社會，廣告無孔不入，無所不在，無所不包。

廣告的控制力量來源於其形式上的無休止重複。一八五六年，一個名叫羅伯特・邦納的愛爾蘭移民別出心裁，破天荒在其《紐約記事》上使用一整版篇幅重複同一廣告達六百次，成為轟動一時之舉。如今，美國通用汽車公司更是百尺竿頭，他們會以平均每小時二萬美元的廣告花費去宣傳他們的雪佛蘭汽車。前紐約市市長林賽說：「在政治上，知覺就是現實。」這句話其實不僅僅適用於政治。

廣告通過語言和圖像的不斷重複，淘汰了語言中原有的矛盾、超驗、多義和幻想的因素，從而剝奪或削弱了消費者的感覺、理性和想像力。人們心中的防護欄被破除了，不斷的重複敲開了人們的慾望大門。這樣，自然而然，廣告所塑造的世界與事實成為人們的知覺最易把握的世界與事實。

現代消費領域中的所謂「從眾效應」（band wagon effect）也能夠形象地說明廣告控制力量的效果。band wagon 原意是指

在各種遊行隊伍中人們所簇擁著的彩車。「從眾效應」的具體內涵就是：在一定的價格下，某些人因為其他人（或某些人）買了較多（或較少）的某種商品，因而也去買更多（或更少）的該種商品。這樣，在消費活動中，不斷重複的影響會導致一個類似於狂歡節的遊行大軍一樣的「瘋狂」購買大軍，老闆們在這支大軍的巨大購買力中自然會坐收漁利。

廣告所導致的社會行為上的消費模仿也就是弗洛姆所說的「市場化定向」（marketing orientation）。弗洛姆曾警告人們：「一個幽靈在我們之間徘徊……這是一個新的幽靈：一個全部機械化的社會……由計算機控制著。在這個社會進程中，人類自己被轉變為整部機器的一個部件。」

弗洛姆把現代社會看作是病態的社會，並且倡導人們樹立普遍的道德價值和精神價值，以便獲得健全的人格。儘管如此，各種權力控制仍然發生著，並以更為巧妙的方式發生著。其中最為巧妙的權力控制手法是通過表面上削弱權力的方式來實現更加有效的權力控制，即以反權力來強化權力，以反控制來強化控制。

美國麥考密克公司從瀕臨倒閉到走向復甦，就是由於有效地把控制的手段偽裝成反控制的手段。該公司創始人 W·麥考密克性格豪放，江湖氣十足。當公司面臨不景氣的困境時，他採取了減薪裁員以增大職工壓力的措施，使公司的危機進一步加重。在他死後，其外甥 C·麥考密克繼任，上台伊始，便給每位職工提高 10% 的薪水，並且適當地縮短工作時間。這一改變措施大大鼓舞了士氣，使公司在一年內就扭虧為盈。不難看出，從減薪改為加薪減時，同人類對待猴子的「朝三暮四」與「朝四暮三」手法其實沒有根本的區別。可見人類進化至今，仍然滯留著諸多原型心理。把握住人性的這些弱點，智

慧確實可以大有所為。

語言的怪力（一）

人類智慧的實踐創造了人類的語言，而人類的語言反過來又強有力地引導和支配著人類智慧的運作。這種語言與智慧的奇妙關係構成了轉動不息的魔圈，演幻出神乎其神的權力。英國小說家喬治·歐威爾在其小說《一九八四》中描述了獨裁統治的種種權力方略，其中最為重要的方略就是通過實施一種「新語」來實現的。這種「新語」借助於黑白顛倒、乾坤扭轉的極端方式來改變人們頭腦中的事實觀念。比如把「謊言」轉說成「真理」，把「醜陋」改說成「美麗」，把「戰爭」變換為「和平」。在這種轉換過程中，語言實實在在地成為一個「佛蘭肯斯坦」式的怪物（即科學怪人的主人翁）。

的確，語言、智慧、權力三者有著複雜而又奇妙的關係。為了理清三者之間的「姻緣」，我們不妨借助於三類文本案例來具體考察語言魔術是如何擺弄權力魔方的。

文本之一：廣告

眾所周知，在商品社會中，所有商品一開始都力求以嶄新的面貌吸引廣大的消費者，因此商品廣告必定旨在通過精心策劃的語言或圖像來控制和駕馭消費者的購買心理；即如托夫勒所言：「沒有什麼東西能像廣告那樣具有目的性。」[10]

但是，最先在美國香菸廣告中卻偏偏出現了「吸菸有害健康」的醒目文字，嬰兒奶粉外包裝上更是標新立異地印上「母

乳是嬰兒的最好食品」字樣。

這種矛盾而又離奇的現象背後無疑隱藏著美國人天性浪漫而又驚世駭俗的智慧，它實際上是銷售商以表面上削弱控制的方式來實現更強有力控制的一種語言魔術；即通過毫無創意地複述那些關涉人類終極幸福的基本常識，以此表明銷售商是可以信賴的，因而使消費者在「愛屋及烏」的心理中惠顧他們的商品。

文本之二：別名或綽號

在原始思維中，特定的名稱總是被認為代表了一個人的全部本質力量。特別是一個民族或部落酋長本身所受的神聖尊崇，很自然地要擴大到對他們名字的尊崇；因為按原始人的觀點，名字和它們所代表的本人是分不開的。所以，酋長的名字本身也會演變成部落禁忌。

著名的人類學家弗雷澤曾對非洲馬達加斯加各地流行的風俗加以如下的描繪：「在馬達加斯加，不僅是活著的，而且已死的國王和酋長的名字都要避諱，至少在該島的某些地區是這樣。薩卡拉瓦人的國王死後，貴族和臣民聚集在國王遺體周圍，莊嚴地共同商議給國王確定謚號，然後國王生前所用的名字便成神聖，任何人不得冒死說出那名字。日常語言裡與避諱名字相像的詞也都成了神聖的詞，必須以其他詞代替使用。凡說出禁忌之詞的人，不僅被認為是粗暴不恭，甚至被認為是犯罪。不過，這些詞彙的更易僅限於已逝國王的統治地區，而鄰近地區對這些詞的舊義則仍繼續沿用。」⓫

同樣，弗雷澤所描述的原始社會的名稱權力現象在現代社

會也是存在的：盛大的群眾集會中通過反覆歡呼某一領袖人物的名字以獲得力量的現象就是典型的表現。

暗中迷戀某一概念、名稱或符號，能夠使人們從概念、名稱或符號中分得力量。現代社會的人們還找到了另一種分得名稱力量的途徑，這就是「別名」。美國人經常引以自豪地宣稱：「華爾街是金融界的梵諦岡。」這種表達方式實際上宣稱了一種絕對的權力等級體系。

為了方便起見，我們把上述「別名」形式簡化為「A 是 B」的陳述結構；但是在 B 之前，必須有一個或多個表示限定範圍的修飾詞——這恰恰是 B 比 A 具有更大威力的要點所在。這種控制方式使我們無法把 A 和 B 隨意地加以相互替換：華爾街不可能是梵蒂岡，因為「梵蒂岡」這一名稱有著更為巨大的控制力量；用「金融界的梵蒂岡」來別稱華爾街，就可以使華爾街獲得一種十分特殊而又超凡的力量。

「夢幻隊」如今使千百萬美國人心醉神迷，不僅僅是因為這支職業籃球隊的名稱能夠同根基深厚的「美國夢」相吻合。事實上，體育在現代世俗社會中已經起到了往昔宗教所曾發揮的作用，NBA 明星崇拜已經成為當今美國社會最為時尚的信仰方式。

為了使「夢幻隊」更快、更高、更強，同時也為了使自己贏得更大的力量，美國的球迷製造了形形色色的「綽號」指稱「夢幻隊」隊員：「飛人」喬丹、「魔術」強森、「郵差」馬龍、「爵士」巴克萊……這其中確有古老的宗教思維在作怪：名稱代表了更大的力量。通過「別名」或「綽號」等多種命名

---

❶ 〔英〕J·G·弗雷澤：《金枝》，徐育新、汪培基、張澤石譯，第三八二頁。

方式爭取力量，顯然比那種利用「最偉大」、「最英明」等等極致形容詞的堆砌獲取力量的手法隱蔽得多、強大得多，因而也就有效得多。

　　球迷身穿偶像球隊的隊服，也是符號或名稱實現權力控制的表現。在「夢幻隊」的球迷中還出現了這樣一種有趣的現象：技術精湛的「爵士」巴克萊以其光頭形象為人矚目，於是巴克利的粉絲們便競相展開剃光頭的場外較量，「光頭」也就成為力量的一種象徵。按照「概念有靈論者」的思路，符號和名稱是人的本質力量所在，唯一的符號和名稱才擁有唯一絕對的力量，對符號和名稱加以複製只會分得其原有力量。

　　《聖經》中「你不應製造偶像」的訓誡便含有防止偶像削弱原型力量的意思。然而，如果對一個符號和名稱的複製是在特定有限的範圍內發生，那麼結果非但不會削弱、反倒會增強原有符號和名稱的力量。顯然，如果全世界所有人都剃光頭，那麼作為一種符號的「光頭」對巴克利及其擁躉就會毫無意義。出於同樣的道理，我們永不可能寄望於「華爾街」與「梵蒂岡」在語言中具有同等效力。

語言的怪力（二）

　　語言符碼之所以具有種種怪力、神力、魔力，完全是因為「語言有神論」者確確實實地相信這種種怪力、神力、魔力。一個常見的例子就是：當「語言有神論」者對某個人表示輕蔑或敵視時，他往往把這個人的名字倒寫，或者在該人的名字上打「×」。在「語言有神論」者看來，通過語言符碼上某種技巧的運用，就能夠使被攻擊的對象在現實中真正受害。

　　語言有神論發展到極端，就是把書面語言或口頭語言改造為某種形式的符咒。在「原始思維」的社會中，符咒被普遍地視為具有驅邪、鎮痛、除妖的神祕力量。

　　現代人雖然從科學的昌明中多有創獲，但崇拜「語言有神」的符咒心理似乎仍然在發揮著作用。本世紀，一位名叫安布羅斯・比爾斯的美國人在其所撰的《魔鬼辭典》中就收進了治療牙痛的一個畫符──

ABRACADABRA
ABRACADABR
ABRACADAB
ABRACADA
ABRACAD
ABRACA
ABRAC
ABRA
ABR
AB
A

　　這是一幅由有規則的字母所組成的畫符。這一畫符倘若真能起到鎮止牙痛的神效，那就說明「語言有神」的符咒心理古今同出一轍；倘若對牙痛毫無療效，至少也可以使人們對符咒的真實作用過程有所了解。因此，當現代人了解到古代人通過給某種事物打上「保密」的印記來阻止秘密外洩時，千萬不要對此感到滑稽可笑，因為在現代社會生活中，「貼封條」、「蓋大印」的事依然每時每刻都在發生著。

　　令人難以置信的是，人們的生活本領和生存能力竟然經常性地是通過語言的怪力而得以表現的。在愛斯基摩人那裡，對冰天雪地裡具體之細微道路的辨識能力，便練就了他們對雪的各種具體形態之認識，因此在愛斯基摩人的語言中根本不存在抽象的「雪」之概念，而只有重雪、粉末雪、碎雪、冰雪、「整腳」雪、新雪等等具體概念。

　　語言的怪力也曾經使美國的一大批著名將領未能當上元帥。第二次世界大戰結束以後，蘇聯、英國等國紛紛給有功的

軍官晉級授銜，戰績顯赫的將軍則可能被授予元帥軍銜。作為軍事大國，美國最初也曾經打算在陸軍部隊中設立元帥軍銜。然而後來人們很快發現，當時尚在任的陸軍參謀長馬歇爾（Marshall）名字同「元帥」（Marshal）一詞發音剛好相同。倘若要頒授元帥銜，馬歇爾必定是當然的人選之一，然而，稱呼一個人為 Marshal Marshall 不是使人很感彆扭嗎？於是，美國人必須尋找繞開走的其他途徑。經過反覆討論論證，最後還是認為不設「元帥」軍銜為好，因此，當年戰功顯赫的麥克阿瑟、艾森豪·威爾、馬歇爾等人原本可以得到輝煌的元帥軍銜，這樣一來，只能改稱具有美國特色的「五星上將」了。

語言的這種種怪力真是「不說不知道，一說嚇一跳。」

複述：權力之源

知識轉化為權力控制的第三個文本案例就是講述故事——一種長久不衰的語言魔術。

講故事是人類文明史上傳述歷史、宣揚道義的普適方式。當然，任何講述故事的過程都是通過語言發生影響而取得控制的過程。在此過程中，講故事者是當時文化環境的統治者，因為他大量、甚至全部掌握著情節材料，繼而占據了有利而又有力的位置，他能夠通過講述故事的過程來改變現實或者賦予現實以全新的意義。因此，講故事所體現的統治和控制的權力也就是影響、甚至決定他人觀點的能力。

世界上的各個民族、各種文化中，種種講故事的過程都潛在地運作著這種控制力。《聖經》中「主說」的敘述結構，佛教典籍中「如是我聞」的敘述結構，實際上都是一種在教誨的

動機驅使下講述故事的語言結構。

對於文化史中講故事這一傳統，班傑明‧富蘭克林可以說是深悟其中之蘊，深解其中之味的。他於一七三二～一七五七年之間所編寫的《窮理查曆書》，原先是對當時流傳於民間和日常生活中大量格言所作的匯集整理，旨在向美國人宣揚十三種美德；節制、勤儉、誠實、果斷、謙遜、公正、禁酒、貞潔、溫和、安寧、沉默、清潔、有條不紊等等。在富蘭克林看來，正是他所發現的這些美德，才真正可以使美國人從無數艱辛與坎坷中奮然而起，從而使整個民族走向一個又一個成功，使美國昂然屹立於世界之林。

如同富蘭克林的其他許多種實用發明一樣，這部《窮理查曆書》問世之後，也在美國社會中產生了極大的反響，人們爭相傳頌，並且在傳頌時總是加上一句口頭禪：一窮理查就是這麼說的。」

這句口頭禪使富蘭克林大受啟發，他在為一七五八年的「曆書」所寫的序言——《致富之路》中對此大用特用：

> 睡著的狐狸抓不住雞，人在墳墓裡將會睡個夠。
> 　　　　　　　　——窮理查就是這麼說的。
> 站著的農夫比跪著的紳士高。
> 　　　　　　　　——窮理查就是這麼說的。
> 驕傲的午飯吃的是虛榮，晚飯吃的卻是輕蔑。
> 　　　　　　　　——窮理查就是這麼說的。⓬

其實，「窮理查」就是富蘭克林本人，是他他在撰寫「曆

⓬　參見《美國的歷史文獻》，趙一凡編，蒲隆等譯，第四 — 十三頁。

書」時所採用的「理查・桑德斯」這一筆名的演化。

富蘭克林的這種手法巧妙地隱去原作者的真實身分，從而使「窮理查就是這麼說的」這一語言結構具有了陳述故事的特徵，使「曆書」本身更加具有講故事的色彩。這樣，教誨變成敘述，格言變成故事，這一精緻的結構轉化使得語言本身軟化下來，但實質上卻增強了其內在的控制力量。因而它更容易被大眾所接受。就連富蘭克林也承認：「為了鼓勵背誦、複述這些警句的做法，我有時候還嚴肅認真地引用我自己的話呢！」

看來，講故事過程中所出現的控制權力，除了有一個故事講述者的角色出現之外，還在於故事本身被不斷地加以覆述；每一次覆述都是控制權力的一次加強，每一次覆述都是聽者心裡印痕的進一步加深。

為了進一步透析講述故事中所發生的語言控制的過程，我們不妨通過講述一個有關講故事的故事來看講故事本身所具有的語言魔力。

美國著名的 IBM 公司創始人沃森之子小托馬斯・沃森就經常性地給他手下的職員講述一個人愛好大自然的故事。

故事中的愛好自然者每年十月都喜歡到野外觀看成群的野鴨結隊南飛，彷彿南飛的野鴨每年都能給他講述一個動人的故事。有一年，他終於善心大發，開始向附近的池塘裡投放一些飼料。由於獲得可靠的食物來源過冬，野鴨也就逐漸減少南飛，三到四年以後，又肥又懶的野鴨便再也飛不起來了。

這個故事實際上典出丹麥存在主義哲學家索倫・奧貝・齊克果的著作，其中內涵著不少精關至深的人生哲理。

沃森反覆地引用此典，目的在於向他的職員說明一個道理：人能夠把野鴨轉變成家鴨，但絕不能把家鴨變成野鴨；人可以因苟且安生而自行封閉，卻難以從自行封閉中解脫出來而

重生創進。因此，IBM 公司倡導鼓勵和寬容那些具有創新能力和離經叛道精神的職員。

野鴨子的故事被經常性地覆述，實際上構成了 IBM 公司的另一種儀式。

如上章所述，儀式對於任何一個團體都具有重要的凝聚作用和維繫作用，它能夠為特定團體的每一個成員提供共同一致的價值參照標準。

然而，沃森所反覆宣講的野鴨子故事，卻導致了一個極其微妙的反常：他從儀式化的故事中引出的卻是培養異端的教義，恰好同維繫團結的儀式功用背道而馳。

這種反常很快就得以揭示和消除：有一天，當沃森像往常那樣講述完野鴨子的故事後，公司一名職工向他提出：「即使是野鴨子，也是結隊飛行的。」

這確實是一個充滿機智的答辯，它對原有的故事「解符碼」之後重新作了「再符碼化」處理，使得這種答辯本身構成原有故事的有機部分，無論野鴨、家鴨，都協同一致，遵從團體的共同行為，因此，再符碼化後的故事非但沒有削弱，反而強化了原有故事的控制能力。

Chapter 8
反語言：智慧的柔化

　　對語言箝制力量的反抗和抵制，除了日常生活中不喜歡讀書、有意識地遺忘等等實際行為上的大拒絕之外，還可以通過語言本己的力量來加以實現。這也就意味著：語言不僅具有作為一種權力的控制力量，還具有語言反對語言自身的力量──這種力量便來源於「反語言」。

　　所謂「反語言」，在此只可能是一種權宜方便的設定。我們知道，「語言權力崇拜者」認定這樣一條基本原理：語言由於表達了清楚明白的事實真相而獲得了自身的控制力量，甚至當這種語言用以表達不可測度和難以捉摸的人類深層慾望時，其所表達的內容也是確鑿真實的。這樣，語言通過控制，就把不真的東西牢牢掩蓋住，同時也就把真的東西加以強化，加以意識形態化，而真的東西也就必然是善和美的東西。

　　相對於語言來說，「反語言」則可以被形象地比作一把鋒利的手術刀，它能夠有效地切割開為語言和意識形態所嚴加包裹的不真的疾患，從而呈現出人類「語言意識形態化」的喜劇色彩。

智慧解剖術：魔鬼辭典

美國人安布羅斯‧比爾斯因其撰寫的《魔鬼辭典》而聞名於世，其「魔鬼辭典」一詞本身首先就是一種「反語言」，因為源初意義上的辭典必定是人類經驗、知識和智慧的集大成之作，是對確切意義的權威釐定和最終詮釋，而「魔鬼」同「辭典」聯袂登場，只會導致悖謬和常識的乾坤顛倒，導致正常思維定勢的破壞和傳統知識體系的粉碎。

人類似乎天然具有趨近真實性、至善性和完美性的願望，這種願望使得人類的語言普遍對真實性、至善性和完美性歌之詠之，從而在很大程度上漠視或忽視了人類的虛偽與醜陋。打破這種思維定勢必須從撕裂意識形態化的語言著手。於是，當傳統意識形態化的語言把人當成萬物之靈和真、善、美的化身加以頌揚時，比爾斯卻從多角度揭開人的另一種面目——

人——……他的主要職業是消滅他的同類和其他動物。

生命、生活——這是一種精神鹽水，在它的醃泡下，肉體就可以免於腐爛。

密友——是這樣一種人：甲把乙的隱私告訴他，他又把它們告訴丁。

牙醫——一種玩弄戲法的人，他一邊往你嘴裡放金屬，一邊從你口袋裡掏金錢。

牧師——這種人為我們安排天國的事務，為的是使他們自己過好世俗的生活。

惡棍——一個顛倒的紳士。這種人的優點本來是很顯著的，就像市場上作樣品的一箱草莓一樣——好的在上

面，壞的在下面——可惜出了差錯，別人從另一面把箱子
打開了。

　　幸福——想到另一個人的悲慘遭遇就湧現於心的一種
愉快感。

　　苦惱——面對朋友的幸運而產生的一種疾病。

　　愛情與婚姻曾經在語言的控制、駕馭下作為人類最純潔、
最崇高偉大的感情及其結晶而被加以反覆詠唱，但在「魔鬼」
比爾斯看來——

　　訂婚——為獲得一個母夜叉而戴上腳鐲。
　　接吻——兩個貪婪的人交換唾沫。
　　美貌——女人吸引情人、嚇死丈夫的力量。
　　婚姻——這是一種社會團體，由一個老板、一個老板
娘和兩個奴隸組成——四者合而為二。
　　內助——妻子；或者，痛苦的一半。❶

　　比爾斯的手法是極其高明的，他的《魔鬼辭典》就好比一
面反光鏡，當人類在意識形態化的語言驅動下駕駛著文明之車
一往向前時，這面反光鏡則不時提醒人們返觀拋諸身後的旅
程，返觀自身背後的尾巴是否已經退化殆盡、自己後腦勺上的
癲癇瘡是否已經痊癒。在這種智慧的返觀之下，人們所遭遇到
的「災難」就絕不僅僅是指「自己倒楣」，而是實在包含著
「別人走運」的因素在內，表面上的祝賀也就完全是「一種有

---

❶　〔美〕安布羅斯・比爾斯：《魔鬼辭典》，莫雅平譯，台北林鬱文化
　　事業有限公司出版。

禮貌的嫉妒」。可以說，是人類的語言把完整合一的世界分割劃裂為真與不真兩個天地，於是才有了真與假、善與惡、美與醜的分庭抗禮，當意識形態和語言把真的、善的、美的東西當作審視的對象時，作為一種「反語言」的《魔鬼辭典》則把假的、惡的、醜的東西當作審視的對象；因此，人們在審美（同時也就是審真和審善）的同時，面前還潛存著另一條審醜（同時也就是審假和審惡）的智慧出路。這也就是「美學」在西方原本就是「醜學」的原因。

借助於「魔鬼辭典」這一「反語言」的出現，真、善、美同假、惡、醜的對立與反差，就不再顯得那麼尖銳不可調和；通過調侃式的審醜，原來是醜的東西逐漸變得滑稽有趣了，變得有趣得美麗或美麗得有趣，審醜活動也就轉變為審美活動。「魔鬼辭典」如同軟飲料、如同輕音樂，因為真善美與假惡醜之間的尖銳對立，確實在「魔鬼辭典」中被加以柔化了。

智慧催眠術：幽默

從常理中看出怪誕，從正經中看出悖謬，從平凡中看出神奇，確實要求人們具備一種敏感而尖銳的感受力。具備了這種感受力，人們就能不受語言的欺騙，不為占主導地位的意識形態所蒙蔽，從而也就能心平氣和地看護真實的世界，連同看護被意識形態和語言所遮蔽的怪誕而不執於一端。可以說，幽默、諷刺、戲謔和調侃造成了一種獨特的人生智慧境界。

那麼，幽默究竟何謂？一種最為直截了當的答案就是：幽

默乃是一種使人發笑的藝術。包括幽默在內的一切令人感到滑稽有趣的想法、說法都能夠在人的心理上、生理上產生舒適寬慰的「呵癢」作用，而所謂呵癢，也就是博人一粲、撩人一笑。但一般而論，無論是竊笑、會心一笑、捧腹大笑，還是狂笑，主要都是人的胸部肌肉與橫隔膜的短促收縮與痙攣性顫動，都是一種近乎單純生理性的活動，而單純生理性的活動顯然難以涵蓋幽默的全部意義。幽默的本質是機智，如果說幽默是一桌豐盛可口的智力美餐，那麼機智就是一把精鹽；幽默家在烹調幽默的智力美餐時撒進機智這把鹽，烹飪出的東西也就味道鮮美了。

美國人敢於在許多不同場合抨擊許多不同身分的人，甚至連他們的總統也不會放過。在甘迺迪總統執政期問，曾經出現過這樣一道極富調侃趣味的謎語：「倘若傑克、鮑勃和特迪（為甘迺迪三兄弟的暱稱──引者）同在一條即將沉沒的船上，誰將會得救？」答案是：「國家」。

絕妙的創意不免使人心中發癢。當時一份廣為流傳的油印傳單虛構了為甘迺迪總統在華盛頓修建一座紀念碑的計畫，並且寫道：「把它建在喬治‧華盛頓紀念塔旁邊是不妥的，因為華盛頓一生沒有說過一句假話；把它建在羅斯福紀念碑旁邊也不妥，因為羅斯福一生沒有說過一句真話；而約翰‧甘迺迪卻根本分辨不出假話和真話。」

油印的傳單繼續寫道──

　　　　五千年前，摩西對以色列的兒女們說：「拿起你們的鐵鍬，騎上你們的驢子和駱駝，我領你們到幸福之國去。」大約五千年後，羅斯福說：「放下你們的鐵鍬，一屁股坐下來，點上一支駱駝牌香菸，這裡就是幸福之

國。」如今，甘迺迪卻在偷盜你們的鐵鍬，賜著你們的屁股，提高駱駝牌香菸的價格，把幸福之國據為己有。❷

其實，任何社會形態的總體心理中都存在著、殘留著或積澱著各種各樣最古老的禁忌，如生老病死，如食色大性，無論這些禁忌是以語言的形式還是以其他神祕的形式呈現其效果歷史；美國社會也不例外。為了打碎禁忌這一古老的精神緊箍咒，人們選擇了幽它一默的遁法。孔乙己所謂「偷書不算盜」實際上就是對「不可偷盜」的普適禁忌幽了一默。

按照佛洛伊德的說法，攻擊心理是人類根深柢固、與生俱來的一種本能心理。如果這一說法不謬，那麼在禁忌重重的社會生活中，你不妨借助於幽默，把攻擊的矛頭挫鈍和柔化，如此這般，同樣能夠使本能的攻擊心理得到抒解、受到寬慰——倘若受到攻擊的一方感到這種策略的攻擊力更大，所遭受的傷害更重，那就只能怪罪幽默這一智慧謀略了。

美國是一個全新的程序組裝而成的新型國家，相對而言沒有過於沉重的禁忌十字架。美國社會中的實驗家、專家和行家把美國建設成一個器物豐盈的天堂，同時也就造就了他們自身忌受攻擊的英雄角色。這是現代社會的新造禁忌。面對這種摩登禁忌，幽默登場了——

在一次火車撞車事故中，有個老酒鬼被撞得奄奄一息。人們為了想方設法救活他，往他嘴裡灌了一些酒。他品味著酒，喃喃地說：「波以拉克酒，一八七三年產。」

<hr>

❷　參見《光榮與夢想：一九三二～一九七二年美國實錄》，第四冊，第一三三九頁。

說完，他就死了。

在人類形形色色的禁忌中，性禁忌也許是超越國界的一種最為普遍的禁忌了。《聖經》中亞當、夏娃偷吃禁果的故事講明了人類的智慧與羞恥心同步發展壯大的道理，同時也就給人類智慧指出維護禁忌的必由之路。於是，幽默或調侃也就特別適合於人之性心理的滿足。在美國，類似 hooker（橄欖球選手或娼妓）這樣的雙關語在不同的場合被故意錯置的語言現象成了「大腕幽默」。事實上，男女之間的幽默笑話（實際是調情）以及具有性暗示的種種遊戲在各個國家的藝術作品以及人的日常行為中是屢見不鮮的。如果說人的本能心理往往在現實社會情境中遇到障礙、受到壓抑，那麼，幽默就不失為使人的本能心理得到撫慰、宣洩、排遣、調劑和柔化的一條智者之路。幽默有如瀉藥，真正的幽默應當是謔而不虐，倘若調侃過度或低級趣味，就會如同瀉藥用量過度那樣，非但於身體健康無所滋補裨益，反倒會損傷身體。幽默還好比一種防身術，當你身處尷尬的窘境無所躲避時，聳聳肩幽它一默，必然能精神勝利大逃亡——誠然，作為精神防身術的幽默要求人們具備能屈能伸的大智大勇和良好的心理素質。

恐懼感也是人類為自身所設立的一個強大的精神伽鎖。對許多美國人而言，乘飛機航行與恐懼感之間往往是如音隨響、如影隨形，美國人也就別出心裁地給各個航空公司編造了奇特的幽默名稱來柔化和排遣恐懼。他們稱喀斯喀特（Cascade）航空公司為「墜毀喀特」（Crash Cade），稱莫霍克（Mohawk）航空公司為「慢鷹」（Slow Hawk），稱阿萊格尼（Alegheny）航空公司為「人人煩悶」（All Agony），稱法國航空公司（Air France）為空中意外（Air Chance），稱環球

航空公司（TWA）為「試著步行穿過」（Try Walking Across）：凡此種種，不一而足。人類沉重的精神盔甲在笑聲中抖落了。

查理‧卓別林無疑是美國式幽默史上的一代天驕，從《城市之光》到《摩登時代》，卓別林的幽默天賦使各種膚色、各類信仰的人們噴飯不止。

奇特的是，卓別林本人對自己的表演從不發笑。這也是幽默的獨特個性所在。真正的幽默是一種催眠術，當人們面對世間的種種不平、人間的各類尷尬而難以入睡時，幽默便能助人逃脫窘境、消釋憤懣、排遣煩憂，從而使人們在笑聲中安然入眠。真正的幽默大師同時是一位手法高明的催眠師，正如同催眠師施法而自己肯定不會懨懨入睡一樣，幽默師表演滑稽也不一定非得自己逗笑自己不可，因為在幽默師那裡，充滿機智的幽默已經是一種預先消化過或預先消費過的智慧。

可以說：幽默體現出人的優越智慧，而理解和欣賞幽默也要求有毫不遜色的優越智慧。

智慧煉丹術：雅語

幽默運用看似荒謬但又可信的反語來誘使人們的理解力和判斷力，因此，幽默的力量往往來自於語言中的潛在對比和反差。但單純的語詞對比和反差，譬如「美麗與醜陋」、「黑夜與白晝」、「戰爭與和平」等等並不具有幽默的效果。這就好比在鋼琴上通過彈奏一個高音和一個低音的對比既不能使人激昂，也不能令人神傷，而總需要借助於富有創造性的旋律才能觸動人的感情之弦一樣，具有對比和反差意義的語詞也必須在

幽默的機智調度下才能取得使人發謔的效果。幽默通過適度的誇長和反語，使人從信其有理到發現矛盾，從而討巧地迴避了有關生、老、病、死以及其他怪異的自然現象與社會現象的種種禁忌。

另一條逃避禁忌的智慧討巧之路是通過創造種種婉轉含蓄的委婉語或雅語來加以實現的。人類普遍共同地樹立起並維護著真、善、美的主導意識形態，而現實生活中卻同時存在著大量與此兩相牴悟的情感和行為。雅語就是借用不觸犯禁忌，不那麼刺激人的話語把或粗俗不堪、或悲痛不已的行為和情感委婉地表達出來。

如以「不舒服」替代指稱「生病」，如以「仙逝」替代指稱「死亡」。十七世紀時，西方國家普遍用「銷魂」代指「性高潮」，以避開當時禁慾的意識形態，也是雅語的一種絕妙而又精緻的使用。

在美國，年邁、貧窮、疾病和死亡諸種人生負面狀態始終是生活的大忌，萬萬直陳不得，於是，各種雅語便成為引渡人們走出諸種禁忌的智慧舟筏。

在美國人那裡，老年不能直接稱作 Old people，而應稱作「年長的公民」（senior citizens）；養老院不是 old folks 或 home for the aged，而是叫它「療養院」（nrusing home）；窮人不再被稱作 the poor，而是委婉地被稱作「所享權益較少者」（the underpriviledged），貧民窟也就變成「文化匱乏的環境」（culturally deprived environment）；在英語中，原來用於指稱貯藏珠寶或信件的小箱子則被美國人巧妙地用於指代「棺材」。

一些在主導的意識形態觀照下粗俗不堪，令人難以啟齒的事情，經過雅語的洗禮，也往往能夠「俗貌換雅顏」。

在日常生活中，美國人已經極其自然地使用 washroom hroom 或 restroom 來替代 toilet（廁所）；原來作「侍候人」或「傭人」理解的 servant 一詞顯然不符合民主、平等、自由的美國化觀念，於是該詞就不可避免地被「助手」（help）一詞所替代。更為有趣的是，「妓院」不再被稱作 whore house，而是被委婉雅致地稱作「約會室」（assignation house）。

雅語實際上也是圍繞著語言與世界的抗爭而綻開的智慧之果。羅蘭‧巴特曾敏銳地發現人類思想史上一次重大的巧合：馬克思所說的「改變世界」同馬拉美所說的「改變語言」是同時出現的。而雅語的基本智慧理路也就在於：雖然我們無法改變事實，但我們至少可以通過改變語言本身來改變語言所陳述的事實，雅語由此而成為一種「智慧煉丹術」；即把原有的語詞組織方式打碎拆散，進而重新組織一種新的語詞方式，使各種語詞在新組織中不斷捨棄原有粗俗鄙陋，令人不悅的日常語詞，從而實現人們對事實和世界進行改造的目的——這種想像性改造對現實世界的影響究竟多大，是不難從雅語的實際使用效果中得到測度的。

如所周知，社會分工所造成的職業高低差別也是美國社會生活中不可否認的明顯事實，而這種事實恰恰又是同美國人的民主、平等觀念相抗違的，於是，美國人再次求助於雅語來消滅現實生活中的事實不平等：他們把消滅蚊蠅的工人委婉地稱作「滅害工程師」，把民用建築承包工稱作「住房建築師」，把垃圾工稱作「公共衛生工程師」，把專門為女子理髮的理髮匠稱作「美容師」，把花匠稱作「風景建築師⋯⋯借助於雅語的修飾裝扮，各種原本不受尊敬的行業也就變得美侖美奐了。

美國著名的外交家查爾斯・波倫在其所撰寫的回憶錄《歷史的見證》中曾經提到過這樣一件事：

　　一九六二年十月發生了古巴導彈危機事件，當時的美國總統約翰・甘迺迪下令海軍「隔離」古巴，以便迫使蘇聯所有運載導彈武裝的船隻折返。這裡的「隔離」一詞實在是甘迺迪對雅語的妙用。「隔離」古巴實質上就是──封鎖古巴，但由於美國自命為自由世界的領袖，明目張膽地使用具有武裝干涉之意的封鎖一詞顯然不符合維護自由的形象，於是，封鎖便被隔離所替代。

　　從上述種種案例中不難看出，雅語同「魔鬼辭典」一樣，歸根結柢，都可以看作是幽默的一種，都是人類智慧輕化、柔化的表現形態。

　　所不同者在於，類似「魔鬼辭典」的幽默主要是一種智慧的破除法或揭短法，即撕裂占據主導地位的意識形態和語言之幕，使假、醜、惡顯露，從而在語言的強烈對比和反差中使人獲得輕鬆愉悅的快感。

　　而雅語雖然是以重組的新語詞替代了原有的語詞，從而在相對的意義上改變了原有的語言組織方式，但雅語的最終指向卻在於「遮羞」和「護短」，以便使主流的意識形態在重組的語言中得到呵護，從而更加精緻。雅語一旦使用不當，非但不能使人愉悅，反倒使人產生對矯揉造作的厭惡之感。

　　美國的一位幽默作家就曾列舉出一大串有關「懷孕」的雅語，著實讓現代人捧腹不止──

1. 「她取消了她所有的社會交際。」（一八五六年）
2. 「她處在很有興味的情況中。」（一八八〇年）
3. 「她處在很微妙的情況中。」二八九五年）
4. 「她正在編織小寶貝的襪子。」（一九一〇年）
5. 「她快要當家了。」（一九二〇年）
6. 「她快生了。」（一九三五年）
7. 「她懷孕了。」（一九五六年）❸

智慧美容術：謊言

　　謊言歷來為追求誠實的人類所不齒，這只要看一下同謊言相關的長篇累牘的貶義詞就已顯明：胡扯、吹牛、欺騙、背信棄義、瞞天過海、陽奉陰違、無理狡三分……凡此種種言行都是令人深惡痛絕的。

　　美國語言學家愛德華・薩丕爾在其著名的《語言論》一書中說：「讀了海涅，會有一種幻覺，整個宇宙是說德語的。」這種感覺不要太好！然而，如果海涅的作品是在撒謊，那麼整個宇宙也就可能是借助於德語所構建而成的謊言世界了。——這一大膽的假設與推理至少在邏輯上是行得通的。

　　其實，「真理」是人類為了尋求安身立命之本而撒播的一個最大的謊言。真理無謊言而不成其為真理，這不僅僅是指真理通過與謊言的對比和反差而得以彰顯；人類所生活於其中的世界已經是一個語言化或意識形態化的文飾世界，而所謂「意識形態」其實就是「虛假的意識」。

---

❸　參見陳原：《語言與社會生活》，第八十二、八十三頁。

美國學者赫爾什‧古德伯格說：「撒謊是人類生活結構中不可或缺的一部分。」❹甚至《聖經》中有關人類起源的故事也完全是三個主角編造的騙人謊言：在伊甸園裡，蛇騙夏娃，說她有權吃智慧之果；夏娃接著又騙亞當吃了禁果；後來，亞當對上帝撒謊，隱瞞了自己在這起違反上帝戒律的事件中所起的作用。

顯然，人類的智慧起步之初就同謊言不可分割地聯結在一起。佛洛伊德便把撒謊的言行看作是人的本我對自我的反抗、潛意識對意識的反抗、智慧對禁忌的反抗，即通過各種形式的偽裝，把潛意識加以文飾美容、加以改頭換面，以便使之在支配性的意識形態和社會道德規範中得以通行。

美國洛杉磯醫學院的金格博士通過對人類謊言的考察，把各式各樣的謊言概括為下述四種類型——

（一）**操縱的謊言**——說謊者是自私的人，他們用假話欺騙他人，以便達到操縱他人意志和行為的目的，使受騙者按照他們的意圖行事。

（二）**逃避的謊言**——借助於花言巧語，利用種種藉口製造謊言，以便推卸自己應當承擔的責任。

（三）**炫耀的謊言**——撒謊者通過誇大自己的成績和能力以引起他人的注意，以便使他人對自己另眼相看。

（四）**誇張感情的謊言**——撒謊的目的在於使別人注意自己。這種人往往可能通過裝出一副生病痛苦的可憐相，來博得他人的關心和同情。

---

❹　〔美〕赫爾什‧古德伯格：《謊言世界》，段勝武、胡建華、岳經綸譯，導言。

謊言的形態儘管千差萬別，但九九歸宗，所有謊言無非都是在文過飾非。從積極的方面看，好的謊言或善意的謊言是人類智慧美容術的巧妙運用，即按照主流的意識形態或社會道德規範，把不合理的東西儘量圓釋得合乎情理，從而在心理上築起一道智慧的閘門，把容易引起不快和受到傷害的東西排斥在這道智慧的閘門之外。

　　美國專家統計數據表明，人類一般在年齡、收入和性這三大問題上撒謊最多，這些謊言往往也是善意的謊言。因此，「不要問女士的年齡，不要問男士的收入」就是針對這些謊言的必然性而來的勸告。誠然，不好的謊言或惡意的謊言也是智慧美容術的運用，只不過這種美容術的效果並沒有博得常人的讚許和歡心罷了。

　　任何社會總是建立起自身特定的意識形態體系，並據此劃定了真善美與假惡醜的價值判斷標準，因此，一旦人們意識到自己的人格品質之中缺乏某種為社會的意識形態所讚許的德性，便會很自然地通過人為的編造和偽裝來得到補償；撒謊作為一種「智慧美容術」，實際上也就是消除匱乏心理的一種策略行為。

　　美國人本主義心理學家馬斯洛便認為，人類的需要由低到高，可以分為生理的需要、安全的需要、愛和相屬的需要、尊重的需要、自我實現的需要五大基本層面。前四種基本需要都是人的匱乏性或缺失性需要，人類因匱乏和缺失而產生逃避和消除的心理；比如，生理的需要是為了逃避飢渴的痛苦，安全的需要是為了逃避不安全感，愛和相屬的需要是為了逃避矛盾衝突，尊重的需要是為了逃避自卑感。而在所有的逃避路徑中，撒謊是最為有效的武器之一。

　　美國總統競選發表電視演講，實際上也就是為各個候選

人提供了施展其「智慧美容術」的絕好場所。一九五二年，尼克森被提名為艾森豪・威爾的副總統候選人後，報端卻在臨近投票時揭露了加州富商私人捐款暗中給尼克森作為參議員收入的事件，由此直接動搖了尼克森的副總統候選人地位。面對如此突發情況，尼克森決定通過電視演說來為自己進行辯護。

演說是在尼克森的書房中進行的，尼克森夫婦、兩個女兒和一隻狗同時出場亮相。尼克森在演說中反覆提到自己出身寒微，認為自己完全是憑著個人的才智和勤奮才獲得今日的成功。他特別指出自己一生從未花過不屬於自己的一分錢，而唯一的一次接受餽贈是德克薩斯州的一個人聽到尼克森夫人在廣播中提到他們的孩子希望有一條狗之後，特地寄來了身邊這條黑白相間的狗。尼克森說；「我們六歲的女兒特里西婭喜歡極了，就給它起了個名字，叫做『切克爾斯』。你們知道，孩子們是喜歡這隻小狗的，所以不管人家怎麼評說，我們還是把狗留下來了。現在我要說明的就是這一點。」

這次演講可以說是大獲人心，從而最終促成了艾森豪・威爾與尼克森在大選中獲勝。三年以後，尼克森在全國廣播和電視執行委員會發言，當他提到「切克爾斯演講」時，得意地說：「它是我一手策劃的。」從此，尼克森得到一個雅號：「耍花招的迪克」（迪克是尼克森的暱稱）。

謊言作為一種「智慧美容」，不僅可以隱瞞「難以道與他人」的不合情理之事，而且可以把自己的言行加以美化，使之更具有合理合法的地位。目前國際通用的打字機、電腦和排版設備的鍵盤字母是以下列方式加以排列的——

QWERTYUIOP
ASDFHJKL
ZXCVBNM

　　這種排列順序十分奇特，極其不符合人們的日常審美習慣。事實上，當美國發明家克里斯托弗·蕭爾斯於一八七三年發明第一台商用打字機時，其鍵盤恰恰是完全按照英文字母的基本順序排列的。不過，在快速打字的過程中，蕭爾斯逐漸發現打字機的字母鍵經常卡住。於是，他同他當數學老師的內弟共同設計出一個新方案：在鍵盤上把英語中經常連用的字母分開排列。正是這一偶然性的改動促成了目前世界通用的字母排列方式。

　　有趣的是，蕭爾斯不願意讓人們知曉這種奇特的排列方式完全是出於避免卡鍵而產生的，他要把整個過程加以「智慧美

· 打字機的字母排列

容」，稱改造後的打字機鍵盤是按照提高速度和效率的科學方式排列的，是為了使打字者的手能夠儘量少移動而作出的科學安排。

後人從數學分析的角度提出，英文字母存在著許多種偶然隨機排列方式，它們在效果上都可能比現行的打字機鍵槃字母排列方式強。因此，蕭爾斯對自己發明的鍵盤排列方式加以「文飾」，很可能是有史以來最大的騙局。即使如此，蕭爾斯的 QWERTY 鍵盤畢竟取得決定性的勝利，並在全世界風行無礙。不難想像，如果不借助於善意的謊言和「智慧的美容」以使公眾心悅誠服，蕭爾斯鍵盤恐怕早已成為一段歷史的記載材料了。

Chapter 9
化合：智慧的超越

　　人的大腦功能左右各異，已經為生物學的研究成果所反覆証明。按照這種理論，大腦控制思維的不同方式是與手對應的。比如一般而論，人的右手與法律、秩序、推理、邏輯和數學相關，是工具、秩序和成就的象徵；左手則與美、敏感、幽默、情感、直率、主觀及想像有關，因而是直覺和潛意識思維的象徵。心理學家 J·布魯納在《認識方法：左手思維論》中則乾脆把右手稱作「實幹家」，把左手稱作「夢幻家」。

　　這種生理上的先天特性往往決定了人們在現實中總是強調一種運思方式而輕視另一種思維方式，並且樹立起種種二元對立的運思障礙和文化障礙。

　　然而，在美國人那裡，諸種二元對立幾乎都能夠在「民族大熔爐」中得以混合、熔合、化合，移民化的運動過程在很大程度上鑄造了美國人的「化合之智」：這種智慧是對諸種二元對立之運思障礙的超越。

歷史的神化

　　神話是原始民族關於自己的民族或國家的起源及其早期歷史，以及關於英雄和神祇的各種信仰的一整套符號系統；由於其虛構傳說和抽象概括的特性，神話如今實際上已經被泛化為與歷史的真實相對立的所有信仰模式、認知模式和行為模式。

　　在英美語言中，nation 一詞既可用於指稱一個民族，又可用於指稱一個國家。這種語言現象表明了如下的事實：現代國家的基本構成因素是民族，民族的統一性規定了國家的完整性，共同一致的血緣、神緣（宗教信仰的一致性）、地緣（疆域領土的共享性）和業緣（工作、生活方式的趨同性）是民族構成的標誌，同時也就是國家統一的基礎。

　　由於象徵民族國家的外在標誌繁複眾多，具有抽象化衝動的人類心智又是如此不厭其詳，以至最終在思想和語言中出現了民族國家的一個根本標誌：精神氣質（ethos）。

　　「精神氣質」是指導和推動人類的行動並且維繫民族國家的精神力量，它既表達了民族國家的整體意志，同時又對無數變化著的經驗事實起維模作用。「精神氣質」不可能是現實的準確摹本，而是人類思想創造出的又一神話。

　　卡西爾甚至說：國家也是一種神話。

　　事實上，當現代許多國家贏得作為獨立國家的自我意識時，這些國家往往已經具有深厚的歷史積累；尤其是各自發達的神話系統，為這些國家的型塑提供了精神原動力：查理曼大帝之於日耳曼民族，炎帝、黃帝之於中華民族，都是一種凝聚民族精神的形象，史學家所要做的，就是借助於語言對神話的祛魔功能，把這些神話重新納入現代的語言系統之中，使之獲得歷史的真實。

然而，對於五方雜處的美國人而言，單一共同的民族和血緣關係、宗教信仰、風俗習慣以及固定不移的疆域似乎都不存在，甚至在為爭取國家誕生而進行的獨立戰爭中，各路大軍用以引導革命的旗幟都是五花八門。

美國人的神話體系更是一片空白。

因此，美國誕生於其精神氣質成型之前；這種早熟，使美國人先天生成了對歷史的匱乏意識和不完善的「閹割心理」，從而要求他們從整體智慧上作出迫切而又積極的反應。

美國的哲人愛默森曾經告誡美國人：對待歷史，要把自己的生活視為正文，把書籍當作注解。

誠然，「史者，時也，事也。」但任何一部歷史顯然又不是淺薄的村俗故事，不是業已發生的一堆毫不相干的事件相互疊加堆砌的結果。任何成功的撰史者都試圖以某種內在的意義來勾勒和串聯客觀的史實，任何富有感受力的讀史者都努力從過去的年鑒中尋求普遍的道德訓導。這樣，歷史就具有了兩次誕生：第一次誕生於人們的行動，這些行動造就了客觀化的史實；第二次誕生於人們對史實的抉剔梳理，從而使原來意義上的時間序列得以重新勾連。

愛默森的告誡也就是強調了歷史的第二次誕生，即要求人們能夠從智力上把握同人類現實生活相關的所有事實的範圍，從現實生活的視野去撰寫歷史，讀解歷史。

美國人沒有深厚的歷史積澱，沒有家譜，在其他民族國家的人充滿自豪地慎終追遠時，他們只能做歷史的乞丐。但乞丐同樣可以製造譜牒：正是歷史的第二次誕生，為美國人尋求和確立自己國家的精神氣質提供了方法論的依據。

歷史淵遠的人們極力把神話改造為真實的歷史，以使自家的譜牒更加發達。與此相反，美國人致力於把歷史的真實轉述

為神話。這一獨特理路的方法論依據還在於：語言既有拆解和社除魔障的非神秘化功能，同時又有把人所共知的東西從相互交流的領域引入不為人知的領域之力量。

「雅典」是希臘人的民族心理和希臘化時代的精神氣質積澱於斯的一個古老城市的名稱，這一名稱得力於希臘人發達的神話體系，從而在真實的歷史進程仲成為維繫希臘人民族感情的一個象徵。

美國同樣也有雅典。不僅有雅典，而且還有以特洛伊、敘拉古、迦太基、斯巴達、亞力山大等充滿神話色彩的名稱命名的城鎮，還有倫敦、牛津、劍橋。不僅麻薩諸塞州、俄亥俄州、馬里蘭州有劍橋，而且明尼蘇達州、伊利諾斯州和紐約州都有劍橋。對於有家譜者而言，家譜是祖傳的，是子孫後代得到祖宗蔭庇的不竭源泉。對於無家譜者而言，以制定家譜的方式重新描述真實的歷史，就成了一種可能性的事業。歷史的短暫和地理版圖的空白，正好為美國老百姓人人參與製造譜牒提供了機會。用他人家譜中的已有譜系法來勾畫自身的歷史，是為了使自身的歷史更具有家譜的色彩。

在美國人製造家譜的智慧觀照下，歷史不過是可以抹去舊跡而另寫新字的羊皮紙。

美國人會說：第二次世界大戰不是開始於一九三七年或一九三九年，也不是開始於一九四一年的其他什麼時刻，而是開始於一九四一年十二月七日，星期天。這天，日本皇家海軍進攻並摧毀了停泊在珍珠港的美國海軍艦隊，美國人為了維護自身的國家利益而戰。

感恩節作為最富於美國特色的一個節日，是最早移居北美大陸的清教徒為了感謝上帝賜予他們食物而舉行的慶典；一六二一年，在普利茅斯首次慶祝這一節日，後來感恩節逐漸成為

全國性的節日，成為美國人重溫誕生歷程的重要儀式。但是，對於實用的美國人而言，重大節期如感恩節者也都不是亙古不變的，感恩節的日期屢有變化。

為了拉開感恩節與聖誕節的時間間距，一九三九年，羅斯福總統就曾宣布感恩節從每年十一月的最後一個星期四改為十一月的第三個星期四，以便零售商的聖誕商業促銷活動進行得更加充分。這項改制雖然由於宗教徒的強烈反對而僅僅維持了兩年，但其實用目的畢竟達到了，如今，美國人的聖誕商業促銷活動在感恩節到來之前就已經開始了。

美國歷史學家 H·S·康馬杰曾經這樣評說自己的民族：「集體記憶如此短暫的民族，往往珍視他們記得的那點東西並使之浪漫化。生活在當前現實裡的民族，會意識到有必要把現實和往昔聯繫起來，為自己提供一個歷史譜系。」❶

喬治·華盛頓被製造為美國民族家譜中具有誠實美德的國父，可以說是神化歷史智慧的得意之作。

這一製造過程開始於一個名叫帕森·梅森·洛克·威姆斯的牧師。一八〇〇年，威姆斯的《華盛頓傳及奇聞軼事錄，對他本人是尊重，對他的年輕同胞是教誨》一書首次出版，立刻引起轟動。此後一版再版，幾乎成為所有有關華盛頓傳記作品的故事題材之基礎。

威姆斯在書中講述了小男孩砍櫻桃樹的著名故事。小喬治在六歲時得到了一柄小斧子，用它砍傷了花園裡一棵漂亮的英國小櫻桃樹。這棵樹是他的父親最喜歡的。當父親詢問時，小喬治鼓足勇氣，承認了自己的錯誤。這種勇氣具有征服一切的真理魅力。於是，父親感動於小喬治的誠實，把小喬治緊緊抱

---

❶　康馬杰：《美國精神》，南木等譯，第四一六頁。

在自己懷裡，激動地說：「喬治，我真高興你砍了我的櫻桃樹，因為你已經一千倍補償了我。我的兒子身上這種英雄主義的行為比一千棵櫻桃樹還要珍貴，哪怕這些樹開銀花、結純金的果實。」

毫無疑義，威姆斯講述這一故事，旨在為人們提供「誠實即美德」的普遍道德教義，因為華盛頓正是由於從小具備了誠實的美德，日後才能夠扮演歷史所賦予的角色，從而無可辯駁地占據了美國國父的神聖地位。

然而，事實上，華盛頓砍櫻桃樹的故事竟是威姆斯的一手編造，毫無歷史真實性可言。威姆斯之後的傳記作家例舉了種種事實來表明華盛頓並不是一個完全誠實的人：他善於把假話作為軍事武器，儘量掩飾戰爭中於己不利的因素，同時誇大敵方的傷亡情況；他還有一種在說話時常常冒犯他人的不良習性。

對於華盛頓的真實面貌，後來的傳記作家都不及威姆斯了解得真切。威姆斯是華盛頓的同時代人，其《華盛頓傳》就出版於華盛頓逝世的第二年。誠實的美德是通過蓄意的編造來宣揚和傳播的，無疑構成了一種巨大的反差。後來者只有具備了在歷史中重新生活一遍的能力，才能夠撫平這種反差。在歷史中重新生活一遍的能力是這樣一種能力，它能把歷史和時間加以激活，把歷史和時間的一維性加以改造，從而使人們真正體悟到歷史的意義。

編造的故事與編造故事的故事都已經成為美國歷史的組成部分或插曲，今天，儘管有越來越多的美國人意識到櫻桃樹故事的編造性，他們還是樂意聽這個故事，講這個故事。一代又一代的美國兒童通過這一啟示錄般的故事來加深對誠實美德的理解。故事的真實性是次要的，關鍵在於它提供了一份家譜，

一個神話，一種維繫美國人情感的精神紐帶。威姆斯本人的史德也是次要的，關鍵在於他深刻洞察到歷史的第二次誕生，從而淋漓盡致地展現了美國人製造家譜、神化歷史的獨特智慧。

質的數量化

洛‧霍爾茲是形形色色美國人中普通的一員，唯一有些特別的是他後來成了美國最負盛名的大學橄欖球隊的教練。就在霍爾茲肩負起這一職務的前幾年，他曾經為自己精心制定了一則內容極其詳盡的備忘錄，主題是「在我死前必須做掉」的一○七件事情，包括從參加白宮晚宴到嘗試高空跳傘等方方面面，內容幾乎涉及人生的全部領域。迄今為止，霍爾茲已經實現了他的第九十一個目標：看著自己的四個孩子從大學畢業，走上社會。

霍爾茲所要完成的一○七件事情絕非驚天動地的壯舉，何況在他擔任橄欖球隊教練之後，處境和視野的改變必然會大大拓展原來的備忘錄，增添諸多同橄欖球教練的身分相稱的事情來。顯然，上述的「霍氏備忘錄法」在不斷重組的時空面前很難產生一份完備的清單；這是因為，站在特定的時空交叉點上籌劃未來的生活，仍然是對已有生活經歷和人生經驗的一種歸納，而歸納在邏輯上終究是不徹底的。

霍爾茲認為：「設定一個目標後不懈地去追求，就可以使自己從生活的旁觀者變成一個真正的參與者。」這種自我表白也不是關鍵所在。生活的旁觀者與生活的參與者之間的界限本來就是模糊含混的：生活離不開劈柴、擔水、油鹽醬醋，穿戴和用餐、交談和爭吵、接吻和祈禱，都是日常生活最堅實的構

成。在此意義上，霍爾茲的備忘錄同每一位家庭主婦的菜單又有多少區別？

然而，從深層次追究，霍爾茲的備忘錄畢竟還是不同於家庭主婦的菜單。問題的核心就在於，一○七件普普通通的事情是霍爾茲「死前」必須完成的，實質上構成了霍氏全部生活的總和；而家庭主婦之為家庭主婦，在於她們不能自覺地把日復一日的菜單同「最後的晚餐」聯繫起來。

霍爾茲的備忘錄由於同死亡相牽涉而耐人尋味。這不是以死亡來限定生存的一種注釋方法，而是直接圖解人生的一種策略。死亡是生存的負面，是從否定的方面來規定生；而凡言死者必定重在談生，這是「遮詮法」的巨大勝利。根本而言，美國人的價值取向是重生的，這一種實實在在的生活是「美國製」的理想。

人生是一種「質」的規定。歐洲思想家曾經世世代代從神學和形而上學的角度對人生作過耐心而又謹慎的思考；生活的壓力與生命的尊嚴哪一個更重要？

莎士比亞筆下的哈姆雷特對「to be or not to be」的詠嘆，就是典型地從質上對生命的內在張力和生活的終極價值所作的玄思。但在重生而又務實的美國人那裡，哈姆雷特只能作為一個文化丑角被加以嘲笑。霍爾茲制定備忘錄為自己的生存定位，代表了摒棄抽象思辨色彩的美國人一般的思維走勢：把具有質之規定性的生命和生活實証化、定量化或計量化地拆解為一個個明晰實在的具體目標，這些目標經得起社會範圍的衡量、評估和描述，從而使人們在實現的過程中具體真切地感受時間的意義、生命的進程和人的力量。

這是一種把質加以數量化、定量化或計量化的智慧。

這種量化的智慧，同美國人對數字的特殊偏好相關聯。

在美國人看來，不同的民族或種族具有不同的血緣關係、宗教信仰、風俗習慣和語言文字，唯有數字才是人類的一種普適語言。因此，數字比英語更能夠成為美國這一「民族大熔爐」的維繫力量。

數字又是一種中性語言，它捨棄了善惡、好壞、美醜、貴賤等等傳統的道德蘊涵，使得英雄和小丑這一古老神聖的對偶關係斷裂崩潰了。偉人和平民、富人和窮人，不都是通過一定數量的百分比來加以衡量和判定的嗎？數字可增可減，具有無窮遞增或無窮遞減的特性；以數量來標明富人和窮人的角色也就相應地可以不斷變化。

因此，民主社會天然是量化智慧的私生子，統計學是衡量這一社會進步的基本尺度，數學坐標構成了這一社會的骨架或經緯，每一個人都能夠循著這一坐標的縱軸和橫軸來尋找和確認自己的身分和地位。對於美國人而言，數字的無窮遞增性同時也就蘊涵著生活理想的無限可能性。

於是，我們看到了美國人在公共生活和私人生活中的「數字崇拜」。

一九〇五年，「營養學」作為一門科學研究專業首先在美國誕生，營養學所提出的「均衡營養」的概念卻是通過蛋白質、維生素、碳水化合物、礦物質的客觀百分比來表達人體健康的質之規定的。

一九二八年當選總統的共和黨人赫伯特・胡佛在競選總統時，提出了這樣一個鮮明的口號：「每家鍋裡有一隻雞，每家車庫裡有兩輛車。」

中產階級一向是美國社會最強大堅實和最基本規範的構成力量，這種力量的精神支柱是中產階級祖祖輩輩魂牽夢繞的「美國夢」。

「美國夢」的具體內涵是：結婚，家住郊外，生孩子，讓孩子受到良好的教育，過舒適富裕的生活。而差不多就在胡佛提出他的競選口號的同時，「美國夢」也以一種定量化的方式表達出來，即「一個家庭，兩部汽車，三套住房，四台電視機」。這些數目既是確鑿可求的生活指數，同時又是一種符號化象徵，表達了一種根深柢固的美國化信念：特定的質必須通過一定數量的累積來完成，捨此別無選擇。

　　GNP 成為一種全球性通用習語，是美國人的量化智慧在世界範圍進行征伐的一次成功戰役。人口統計和計劃統計雖然是歐洲思想的專利，卻只有在美國的土壤上才呈現出強勁的產業化趨勢。美國人引以自豪的經濟學家西蒙·庫茲內茨首創「國民生產總值」（Gross National Production）這一經濟學概念，並於一九四六年首次公布美國的國民生產總值之後，統計學以及與此相適應的一整套思維方法贏得了決定性的勝利。

　　庫茲內茨因此榮獲諾貝爾經濟學獎——這是舉世對數量化、定量化或計量化智慧運作方式的褒獎，是抽象化、思辨化或形而上學化思維方式的一次受降式。自此，GNP 這一縮略語逐漸冠冕堂皇地進入各種版本的美國常用語詞典，其所傳達的一個顯明數字竟然成為衡量各個國家經濟綜合實力的發展與社會進步程度一個最權威的尺度。

　　美國的經濟發展和生活水平已經處於全世界的領先地位，但質的量化之智慧運思方式硬是促使美國人創造出一種「痛苦指數」（Misery Index）來衡量本國的經濟困難程度及人民的生活質量。這項指標相當於失業率和通貨膨脹率的總和，如果失業率和通貨膨脹率兩項指標均下降，就可稱之為最佳「痛苦指數」；如果兩項指標一升一降，就稱之為一般「痛苦指數」；如果兩項指標上升，則稱之為最差「痛苦指數」。

大部分美國人的生活質量都可以從「痛苦指數」中得到反映。因此，美國公民的選舉意向也便直接受到這項指標的影響。一九七六年，13.5％的「痛苦指數」使福特總統在競選連任時敗給了吉米‧卡特，一九八〇年，19.4％的「痛苦指數」又使卡特總統在競選中「名落雷根後」，而一九八四年「痛苦指數」為 10％（其中失業率為 7％，通貨膨脹率為 3％），可以說處於最佳狀態，從而使雷根總統在競連任中獲勝。

　　事實上，質的量化也使美國總統的職位不及職業籃球運動員那麼有吸引力。因為從薪水，旅遊機會及安全程度等因素來衡量兩百多種專業性職業，美國總統平均每周工作六十六小時，年薪為二十萬美元，而職業籃球運動員平均每周工作三十小時，年薪卻是六十六萬美元。總統的名號是抽象的，職業籃球運動員的年薪才是直觀的。通過數字上比較參照，傳統道德倫理所規約的等級觀念被根本性地動搖了。如果說美國社會仍然存在著等級制，這種等級制首先必然是一種數量等級制，它不可能通過血緣世襲或蒙受恩寵來改變，而只能依賴於人們在數量累積上的不斷勞作。

　　量化的智慧本質上是一種發達的科學意識，因為科學研究的成果已經証實了這樣一個基本事實：當事物的量值積累到一定數量時，必然會引起質變。例如，當分子裡原子的數量積聚到 108 以上時，無機物就演化為有機物；同樣，當大腦中神經細胞的數量超過 109 之時，大腦就能從自發意識演化到自覺的意識。而狗腦就只有 108 個腦細胞。

　　如今，美國的科學家又在試圖運用打點計數法向宇宙空間發出信息，以便取得同「天外來客」或「星外文明」的溝通。誰能否認這是量化的智慧向「星外文明」所進行的一場美國化遠征呢？

時間的空間化

天地四方曰宇，古往今來曰宙。

宇與宙交織，形成了大千世界朗朗乾坤的基本網絡，時間是其緯線，空間是其經線，萬事萬物的生存和變化都是在時間與空間相互交織的網絡中發生的，時間意識和空間意識也就成為人類共同擁有的兩種原生態意識。在一定意義上我們可以說，人類的智慧正是通過對時間跨度的把握能力和對空間領域的占有能力而表現出來的。

時間和空間顯然具有不同的特性。比如，時間是一維、綿延不斷、無限、周期性的；與此相對，空間則具有三維、間隔、分離、有限和非周期性等特性。人類智慧對時間和空間的側重偏向不同，往往造成了人類社會與文明形態的內在差異。比如，側重和偏向時間的智慧往往注重歷史、傳統、宗教和等級制度，可以說代表了信仰、來世、禮儀和道德秩序的農業文明；而側重和偏向空間的智慧則意味著具有明確版圖的國家的興起、疆域的擴張、市場的流動，從而代表了世俗化、科學化、物質化和擴展性的商業文明。

美國實用主義思想家威廉·詹姆士提出「意識流」這一著名論題來詮釋時間和空間的相互關聯。詹姆士認為：「意識並不是銜接的東西，它是流動的，形容意識的最自然之比喻是『河』或是『流』。」[2]由於時間的諸種特性是通過人的感知活動反映出來的，意識流實質上就是一種以主觀的心理活動為基礎的生活之流，是個人所擁有的連續變化的思想流。這樣的連續之流絕然不是時間的間隔和斷裂，而恰恰是時間對空間間

---

[2]　詹姆士：《心理學原理》，第九十八頁、第三四四頁。

隔性和斷裂性的超越和克服。

　　詹姆士還提出，意識流同時可以分為實體部分和過渡部分，前者是指意識流的靜止之處，後者是指意識流的飛翔之處。人的感覺從邏輯上講確實是各自相互獨立的存在，而「從意識的特性而言，從此刻到另一刻的變化絕不是絕對割裂的……當有一個時間間隔時，處在間隙後面的意識感覺到好像它與前面的意識歸屬在一起，好像是同一個自我的另一個部分。」❸這樣，時間就在靜止和飛翔之中，同空間實現了一體化。

　　事實上，人們對時間的感知很大程度上是通過空間感知來獲得的。古往今來，人們對時間的知覺，反映的是自然界客觀現象的固有特性：潮漲潮落、四季變更和晝夜交替等等自然現象都能使人感知到順序性或延續性等時間特性；與此同時，人體內部的生理現象也存在著漲落起伏的更替規律，人體內的「生物鐘」本質上同自然界的「宇宙鐘」是合拍的。因此，時間的流逝實即人對空間感知的變化，把時間加以空間化處理原本就是人的天性所在，或者說，時空的一體化是人對自然客觀現象所作出的本能的條件反射。

　　只不過，美國人特有的時空一體化智慧把人的這種天性加以放大和凸現。按愛因斯坦的廣義相對論，宇宙空間中萬有引力的作用不一，導致了物質分布的密度差異和空間的彎曲。而萬有引力的傳播是一種運動，這種運動需要時間──即光速，也就是萬有引力的傳播速度。這樣，時間和空間兩種基本存在方式就是密不可分的，光速作為時間因素而存在，使得空間存在的一切形態都包含著時間存在，空間也就相對化了。廣義相

---

❸　詹姆士：《心理學原理》，第九十八頁、第三四四頁。

對論徹底改變了牛頓的四維絕對時空。

誠然，美國人不可能把廣義相對論加以徹底的現實生活化，否則，彎曲空間會導致現實有形的物質形態分崩離析，從而使美國人追求實效的成就感化為泡影。儘管如此，美國人在現實生活中仍然能夠不時呈現出時空一體化的超越智慧。長久以來，在美國便流傳著這樣一個家喻戶曉的故事——

一個名叫康妮・加勒特的美國少女在一場交通事故中喪失了四肢，肇事的司機一口咬定他曾有效地急煞車，只是煞車後車的後輪打轉，才壓倒了這個女孩。律師詹妮芙小姐接手這一案子後，仔細研究了大量的案情材料，發現這部由美國全國汽車公司生產的汽車，其制動系統確實存有缺陷，責任應由這家公司承擔。詹妮芙決定指控美國全國汽車公司，要求其賠償五百萬美元。

但詹妮芙單槍匹馬對付的是擁有十億美元財產的全國汽車公司和精明幹練的代理律師馬格雷。兩位律師首次磋商後，馬格雷發現詹妮芙已經占有大量有利材料，便一面假意同意繼續磋商，一面告假在家，不見蹤影，企圖以此拖延時間，一俟訴訟時效過期，詹妮芙的一切準備都會付之東流。

詹妮芙確實受騙了，直到訴訟期的最後一天下午，她才恍然醒悟，識破馬格雷的伎倆。但訴訟為時已晚，因為準備案卷就要用三、四個小時，在五點之前向法院起訴已不可能了。

「山重水複」之後有時會「柳暗花明」。正當詹妮芙深感失望之際，腦中突然閃現出一個特殊的地方——夏威夷。

由於美國各區的時差不同，夏威夷的時間至少要晚幾個小時。秘書馬丁迅速查到了全國汽車公司在夏威夷的一家分公司，旋即馬不停蹄地趕往夏威夷，並在當地下班前十多分鐘向

法院遞交了起訴書，最後終於獲得了勝訴。全國汽車公司不得不拿出五百萬美元賠償給業已傷殘的康妮‧加勒特，詹妮芙小姐也以其超人的智慧贏得了美國各界的讚許。

在此案件中，詹妮芙小姐把美國人時空一體化的智慧演繹得淋漓盡致。時間是綿延連續的，空間是間隔分離的，但時空的本質相聯足以使人們用時間之流來連接間隔的空間，或者以分離的空間來割裂綿延的時間。馬格雷的拖延術依賴於時間的綿延連續，而詹妮芙的跨時區策略則是極好地利用了空間的間隔分離特性，從而彌補了時間流逝所招致的劣勢。

「時空一體化」也是美國成功企業的有力槓桿，時間被美國的企業家賦予了異乎尋常的價值。對企業家而言，如果每周工作八十小時是他們的典型時間表，那麼，適當增加十小時就意味著資產增加 12.5％。時間成了企業家最重要的資產。從爭取時間的實際行為方式來看，美國的企業家往往蜂擁到西部靠近機場的工業區以及雇員能夠方便到達的地區，以便借助於空間地理上的優勢贏得時間上的優勢；企業家快步行走、開快車、乘早班航班，道理和目的亦然。在一定意義上，美國廣大疆域四通八達的交通網絡就是時空內在關聯的一種外在標誌，這種標誌把美國人時空一體化的智慧加以具象化。

化合之智

歷史的神化、質的數量化、時間的空間化，實際上都是人類面對諸種二元對立時所表現出來的化合之智。如前所述，現代生物學的研究成果業已表明，人腦右半部管制具體圖像，左

半部主持駕馭抽象概念，因此，生理上的先天構成決定了個體的智慧在「方的圓」這一難題面前往往束手無策，無可奈何。然而，民族的熔爐品格似乎決定了美國人能夠左手畫圓、右手畫方。這種能力與其說是先天的和個體的，不如說是教化的和集體的。

本書設定，語言創造能力最能夠呈現一個民族的智慧原型。美國人的化合之智也正是在美語的生長和發展過程中得到了卓越的表現，各種各樣的複合語詞在美語中比比皆是，甚至連富蘭克林・羅斯福的「新政」（New Deal）一詞也是伍德羅・威爾遜的「新自由」（Zew Freedom）和西奧多・羅斯福的「公平交易」（Square Deal）化合而成的結果。

另外，有許多複合語詞都是在漫不經心的場合偶然誕生的，gerrymander 就是一例。Gerry 原是麻薩諸塞州的州長，一九一二年，他為了能再度當選，竟然允許州法院對選區作出於他有利的重劃。一位畫家見到新劃定的選區圖後，覺得圖的形狀像一種動物，於是便順手在圖上加了一個頭、一雙翅膀和一對利爪，並得意地對朋友說：「瞧，這不成了一隻蠑螈（salamander）了嗎？」他的朋友幽默地答道：「為什麼不叫它 gerrymander 呢？」於是，一個用於表示為選舉獲勝而不公正地劃分選區的新詞 gerrymander 就這樣化合而成了。

之所以說複合語詞最能夠體現人的化合之智，乃是因為人的右腦所主持的具體圖像正是通過天賦的語言能力這一溝通橋樑而被貯存到左腦所主持的抽象概念中去的，複合詞的創造愈是漫不經心，得心應手，就愈是表明化合之智已經成為一種生命的機能。事實上，連續不斷的移民運動是美國人化合之智得以生長的最佳社會條件，這種社會條件促成了美國人創造出無數的嫁接產物。

化合之智的直接成果必然是「四不像」，而「四不像」實際上就是「四都像」；它不是對原初事物思想觀念的機械拼湊，而是一種有機的整合，整合的產物在特性和功能上必然超出原初的事物或思想觀念，即所謂「整體大於部分之和」。

　　我們還可以通過遊戲案例來理解美國人的化合之智。遊戲一般由遊戲參與者、遊戲工具以及遊戲規則三部分組成，其中遊戲規則最重要，它可以被創製和改動。但一旦遊戲開始，遊戲規則就必然是唯一和共同認可的，真正的遊戲只可能存在於生動具體的遊戲過程中。從這種意義上講，任何遊戲規則都只是一組約定俗成的抽象規範而已。

　　我們知道，中國人把憂天的杞人當作一個永恆的文化丑角加以嘲笑，並不完全意味著中國人的智慧是務實的；相反，中國人的智慧裡面向來積澱著抽象玄思的因子，直到今天依然如故。最具代表性的遊戲案例就是圍棋：黑白兩子，陰陽兩極，囊括了世間所有存在物的存在形態，「納須彌於芥子」，滄海桑田，一切變化俱在一方棋枰之中發生；棋枰的網絡就是世界的經緯、人生的經緯，由此注定了抽象的遊戲規則、抽象的遊戲工具同靜默沈思的遊戲者「三位一體」的有趣格局。

　　美國人把圍棋稱作「go」，氣數潛行，神來神往，自然使人百思不得其解。這也是美國智慧中的一種抽象指稱活動。就遊戲而言，美國人的運思方式同中國人則旨趣大異。相應的遊戲有棒球運動。美國的體育運動除了棒球以外，其他基本上都已經走向世界，為何惟獨棒球不能如此？關鍵在於美國的棒球運動中積澱著不斷突破邊界的民族精神，很難為缺乏這種性格的民族所接受。

　　遊戲在最廣泛的意義上實現了具象與抽象的化合。在眾多的遊戲活動中，美國人一般用 play 一詞來表示從事某一項具

體的遊戲活動，而較少使用 game 一詞。因為 game 是靜態的，最多反映了一套固定抽象的遊戲規則；而遊戲只可能存在於具體的遊戲活動中，遊戲就是被遊戲，動態的 play 一詞把抽象的遊戲規則消解了、拆構了、現實化了。這不能不歸功於化合之智的高超操作。

Chapter 10
解構：智慧反對自身

　　「解構」的對象是「結構」。世界範圍內的結構化運動把包括生活、時間和人的心理在內的一切都納入結構之中，從而使人們看不到真實的生活，把握不到深層的意義。解構則是突破日常規範的一種策略，尤其是當生活本身被看作是一種結構時，這種策略就更具有廣泛的方法論意義。

突破生活文本

　　人類為了炫耀自己創造性智慧的巨大成就，專門創製出「生活文本」的概念來：生活本身就是一種「文本」，它可寫可讀、可圈可點從發生學的角度來看，生活的「文本化」主要是通過兩條途徑來加以實現的。

　　首先是生活的戲劇化，其表現為通過戲戲化的事件來獲得象徵性的滿足。

　　九歲的羅比・惠勒出生於美國加利福尼亞州的一個五代軍

人家庭，他已身染腦癌，但仍然一直渴望著能像他的父輩們一樣成為一名軍人。一九八五年，美國軍方為了滿足羅比的這一強烈願望，「真的」讓他當了一天兵。

這一天，羅比乘坐一架軍用直昇飛機在舊金山軍事要塞區的簡易機場上降落，接著由一輛警車直接送往要塞司令部。由於患病在身，羅比的身體十分虛弱，只能由兩名軍官攙扶著走上檢閱台。當地駐軍軍官戴維‧奈克中校稱讚羅比是一位「堅強的戰士」，尤金‧霍爾斯上校則以「美國陸軍有史以來最快的速度」任命羅比為榮譽上校。當羅比結束一天的服役期時，他得到了兩枚中尉徽章、一枚醫務部隊徽章、一枚舊金山要塞區徽章和一個陸軍直昇機的安全帶扣環。

類似這種借助於象徵性戲劇化方法讓人們、尤其是一議身患不治之症者得到撫慰和滿足的事件在美國社會生活中時有出現。它隱含著：僅僅原原本本的生活本身是不夠的，特別是對身患不治之症，不能久留於人世的人而言，生活的整個「文本」未能完全打開，因此亟需借助於戲劇化的方法添寫生活文本，加強生活文本。這也正好符合了人們不斷創造的願望。

生活「文本化」的另一條途徑即是戲劇生活化。廣告攫取和箝制住人們的消費心理、消費慾望，即是一個顯例。此外，好萊塢電影在很大程度上也發揮著維模整個社會並為全社會提供道德準則的作用。對於大多數美國人而言，好萊塢電影是不可或缺的，電影明星的言談舉止、穿著打扮都能成為受眾自覺或不自覺的摹仿榜樣。本世紀五十年代，由於美國電影仍然禁止表現男女同睡在雙人床上的鏡頭，結果，海斯檢查處和後來的布林檢查處竟然因此而改變了整個睡床行業中的產品樣式！

由於電影而改變現實的生活樣式，顯然是把電影看得過重了。人們常說，戲劇或電影是對現實生活的提煉，是智慧的過

濾和加工；而這種經過提煉和加工過的產品反過來卻比生活更為生活，不能不說是對人類智慧的嘲弄。

當「文本化」的生活成為生活本身之時，人們便再也難以真正地感受到原本的生活，再也難以返回或楔入到真正的生活之流中。站在業已製作好的生活文本之中看，瑪丹娜就是大逆不道，就是一種反叛，以致於瑪丹娜唯一值得讚許的就是她的宣傳反愛滋病的想法。

其實，瑪丹娜之表演性愛，同樣也是在製作一種文本，同樣也是把戲劇生活化或者是把生活戲劇化；唯一有些特殊的地方就在於：瑪丹娜把生活的「文本化」或戲劇化推向了極端，從而突破了原有的生活文本。

通過把生活文本推向極端來達到突破原有生活文本的目的，這種策略在搖滾樂中同樣得到體現。人們按著搖滾樂的節奏扭動身軀，以為這種節奏才是有待加以「文本化」的真正的生活節奏。殊不知，搖滾樂的節奏已經遠遠快過人的脈搏的躍動節奏，也就是快過了人的生命節奏；當搖滾樂的這種快節奏達到人的生命節奏所無法緊跟的程度時，以人的生命節奏為基礎而構築起來的生活文本也便隨之被突破、被瓦解。

突破和逃脫原有的生活文本，往往能使人們看到原有之生活文本的真實面目。這也就是「不識廬山真面目，只緣生在此山中」所道出的哲理。

美國作家約瑟夫‧海勒在《第二十二條軍規》中便描述了主人公尤索林同《文本化》的生活相抗爭的命運。

尤索林以求生本能作為生活的最高原則。一開始，他按照自己的職責和義務，通過努力轟炸敵人的目標來實現求生的目的。然而，荒唐離奇的軍規只會使他永遠沈陷於無休止的職責和義務之中。於是，他改求生的目的為逃生的願望，各種各樣

威脅生命的事情便也隨之連續不斷地纏繞著他：他感到危險來自於希特勒，來自於墨索里尼、東條英機，來自於自己部隊裡的人，以至來自於自己身體上的各種疾病——

　　皮膚有病、骨骼有病、肺部有病、胃部有病、心臟有病、血液和動脈有病、頭部有病、脖子有病、胸部有病、腸道有病、腹股溝有病，甚至雙胸也有病。億萬個競競業業的身體細胞像默默無聲的動物一樣，日夜不停地起著氧化作用，從事著保持他的生命和健康的複雜工作，但是每一個細胞又都是一個潛在的叛徒和敵人。疾病實在太多，只有頭腦確實有病的人才會像他和飢餓的喬那樣，把它們時刻掛在心上。

　　在《第二十二條軍規》中，海勒是通過使主人公尤索林瘋狂來透顯社會之瘋狂的：尤索林瘋到極端，才有可能從瘋狂的社會中稍稍抽身返現這種瘋狂；突破生活文本必然是一種沈重的努力。

複製的智慧

　　生活的戲劇化和戲劇的生活化，使得作為一種「文本」的生活不再有深層的意義可言，從而成為一種「平面感」的生活。

　　美國學者弗·傑姆遜認為，人類思維的發展曾經先後提出了四種類型的深度思維模式：（一）是黑格爾和馬克思的辯証法中關於現象和本質的深度模式；（二）是佛洛伊德的精神分

析學中關於意識和無意識的深度模式；三是沙特的存在主義理論中關於存在的確定性和非確定性的深度模式；四是索緒爾的符號學中關於能指與所指等一系列新概念所構成的深度模式。❶各種深度模式往往為人們提供了生存的意義標準；反過來，一旦這些深度模式被抹煞，意義的標準也不復存在。

傑姆遜還進一步提出了「類像」的概念來說明深度模式的消失。所謂「類像」，就是那些沒有原本的東西之摹本。傑姆遜舉例說：現代社會中的汽車就是典型的「類像」。假設 T 型汽車從始至今一共生產了五百萬輛，五百萬輛汽車都是一模一樣的，在工業生產中具有完全相同的價值。❷

另一件流行甚廣的藝術作品也說明了「類像」的含意。這件藝術作品是一張照片，它是由一支可口可樂瓶子的照片底片拍攝成無數支可口可樂的瓶子密集排列在一起而製作出來的。在這裡，後來製作而成的無數支可口可樂瓶子是以一支可口可樂瓶子的照片底片為原件的，因而也就失去了真正的原件。

「類像」抹煞了一切距離，包括空間距離和人的心理距離，從而消除了真實生活同「文本化」的失真生活之間的界限。在機械複製的現代社會，「複製」和「類像」已經鈍化了人的感覺，從而壓抑了人類真正的創造性智慧；而就「複製」型藝術作品和「類像化」藝術作品而言，藝術家在他們的作品中所表達的並不是對機械複製時代的認同；毋寧說，藝術家通過洞察，時刻關注著這個時代不可抗拒的機械化進程。

---

❶ 參見《後現代主義與文化理論》，唐小兵譯，第一八三～一八六頁；第一九八～一九九頁。

❷ 參見《後現代主義與文化理論》，唐小兵譯，第一八三～一八六頁；第一九八～一九九頁。

雖然思想家和藝術家吵吵嚷嚷地針對機械複製時代表達了他們極大的憤慨，但在現實社會生活中，美國人卻並非一味地反對機械、反對複製。在此方面，科學管理思想的創始人弗里德里克·泰勒即使不是意識到機械複製之實用價值的第一人，至少也是由於這種意識而對美國人產生了重要的影響。

一九一一年，泰勒在《科學管理原理》一書中提出：「過去，人是第一位的；將來，制度是第一位的。」在某種意義上，「制度第一位的將來」正是由泰勒所開創的。為了最大限度地提高效率，泰勒提出了一套獨特的方法——

第一、找十到十五個不同的工人（最好到許多不同的企業和國內的不同地區去找），他們要能特別熟練地去做某一項工作，以待分析。

第二、仔細觀察每一個工人在做這項受檢查的工作時所用的工具，以及自己那一套基本操作法或動作。

第三、用計秒表仔細察看完成這些動作中每一個動作所需要的時間，然後選出做每一單元工作最快的方法。

第四、消滅所有錯誤動作、慢動作和無效動作。

第五、在消滅所有不必要的動作之後，排列出最好的工具以及一套最快、最好的動作。然後把能夠做到最快、最好的那一套動作用來代替過去使用的十或十五套較差的動作。❸

顯而易見，泰勒所謂的「制度第一」、「效率至上」的管

---

❸ 參見〔美〕丹尼爾·布爾斯廷：《美國人：南北戰爭以來的經歷》，謝延光譯，第五三三頁。

理思想，實質上就是要求人像機器那樣，每個動作、每個環節的運轉都能夠達到最快、最好的效果。時至今日，人的心理領域和精神領域在管理學中已經受到高度重視，從 X 理論到 Z 理論的演變便反映了這種重視。儘管如此，「制度第一」、「效率至上」的思想依然引導著美國人的行為和思想。他們認識到，機械本身並不一定可怕，真正可怕的是認識不到機械所蘊含的危害。因此，當倚重機械技巧的美國人偏好於用人工合成品替換人體的患病器官時，這種現象便表達了對機械的認同以及對人類控制機器的充分自信。

機緣的智慧

　　一九五九年，美國畫家亞倫・卡布羅在紐約的「劉寶畫廊」舉辦《分為六部分的十八個偶發》的展覽，展覽的畫廊以塑膠布及木條分割成三個小房間和一條走廊；每一個小房間都放置不同數目的椅子，有不同色光的照明，拼貼著各種文字、圖畫及雜物。觀眾進門時，收到印有「參加者之任務」的節目單，隨後依次走入各個小房間，看到兩男三女的表演者在電子音樂的伴奏下進行沈默、機械或象徵的表演。五分鐘後，整個表演隨意結束。

　　這次展覽成為「偶發藝術」這一現代藝術流派的正式發端。「偶發」（happening）就是任由生活本身自動發生，以使人們能夠窺見到其中的偶然性方面；而在「偶發藝術」中，藝術家突破了藝術作品僅僅是藝術家本人之創作的傳統觀念，借助於人為的手段來進行「行為上的拼貼」，讓觀眾真正走到藝術創作的活動中和藝術作品之中，從而使藝術作品同周圍的

環境、人的行為、聲音、感覺、氣味等等統統結合在一起。

「偶發」是對必然性的抗拒。傳統上或習慣上，人們無論是理解文學藝術作品還是理解生活本身，都堅信一切事件的發生都是嚴格按照某種神祕的必然性進行的，這種必然性取自自然界，轉化為人的創造物的結構，並進而轉化為人們考察經驗事實和觀察問題的一種內在尺度。這種必然性使人們形成了一種心理定勢：倘若一旦喪失這種必然性尺度，那麼必然會造成時空錯位、世界整個面目錯位，直至造成人的精神錯亂。

而在「偶發藝術家」看來，必然性尺度恰恰掩蓋和葬送了生活事件所顯現出的真實面目。生活事件的自動呈現和發生之所以被稱為「偶發」，就在於這種顯現和發生不再遵循必然性的尺度。這種「偶發」要求人們面對落入自己視野的一切生活事件，無動於衷地任由這些事件作出供述，從而替代人們以往對情節和心理所作出的敘述、描寫。

無獨有偶，在流行音樂領域，美國的先鋒作曲家約翰‧凱吉創立了「機率音樂」（Aleatori Music）或「機會音樂」（Chance Music），以同亞倫‧卡布羅相呼應。凱吉譜寫了一首鋼琴曲，把它分印在幾張紙上，並且指示演奏者在演奏之前，隨意地把這幾張紙扔出去，然後隨機地從地上撿拾起這幾張紙，並按照撿拾起來的紙張的順序進行演奏。凱吉的其他音樂作品甚至採用抓鬮的辦法來確定某個音在鋼琴上應當如何演奏。其中最激進的一件作品即借助十二台收音機、十二位演奏者，用秒表計算時間，各自按照規定打開或關閉收音機。因此，當時收音機裡正在播放的節目類型便成為其音樂作品的音響效果。

在凱吉那裡，作曲家的樂譜不再是給演奏者以確切的指示，從而能產生確定效果的東西。因為確定性的樂譜所日愈加

重的複雜化趨勢，反而使音樂日愈遠離生活並超越於人們的日常理解能力之上；而「機率音樂」所展示的偶然性和機緣則為人們提供了重新返回生活之流的突破口和切入點。

人們內在的必然性尺度的加強，淵源於人們對時間的無可逃避，如詩人葉芸所說：「我不能／後退／或前進／我羈絆／在時間中。」時間業已成為一種結構，時間的必然性也就是先後順序的必然性，羈絆在這種時間之中，反而對真正的時間無所感悟。

對此，凱吉是深有所察的。在他的另一首鋼琴曲《四分三十二秒》中，他讓演奏者一動不動地在鋼琴前坐了四分三十三秒，整部音樂作品竟然是靜寂無聲，而聽眾則在四分三十三秒的沈寂中，把自己的注意力轉移到周圍環境中的偶然性或機緣性的聲響之上──比如聽眾的咳嗽聲、聽眾移動腳步的聲音，或者是聽眾自己的耳鳴。

凱吉的奇特創作無疑是受到東方思想的深刻影響，他本人便承認，印度傳統中的八種永恆的情感：英雄資質、情慾、驚歎、愉悅、悲哀、恐怖、憤懣、不吉，曾使他獲得許多創作的靈感。在《四分三十三秒》中，聽眾正是通過環境中的噪音來「反聽」真正的天籟、來感受四分三十三秒的真實時間含意，從而真正認識自己的現實生活。

確實，人類社會的日愈發展，使得人類不斷從自然的天籟中分割地盤來維持人類自身的聲音和人造的噪音。人們為了使他人感受到自己的存在，不斷地加大和提高自己的聲音，因此，上帝的聲音被淹沒了，神的聲音消逝了。而凱吉的音樂作品正是通過破除法，使聽眾重返自然；這實質上成為人類的智慧對以往的智慧成果的一次象徵性反抗。

邊緣的智慧

生活不是戲劇，戲劇也不等同於生活。抹煞生活和戲劇之間的界限和區別，只會妨礙人們運思能力的發揮。

在富蘭克林・羅斯福看來，生活戲劇化的心理乃是人性的一大弱點。

一九三五年春季，羅斯福總統的一些最親近的顧問逐漸感到，羅斯福對社會大眾所起的教育和指導作用正日益減弱，於是，他們把這種看法告訴羅斯福本人。然而，羅斯福聽後，卻發表了如下一通意見：「人們每天都在報紙的大標題裡看到同一個人的名字，每晚都在收音機裡聽到同一個人的聲音，是會感到厭倦的……由於人性上的弱點，長時間聽到最高音不斷重複，個人心理是接受不了的。」❹

羅斯福在此所說的「人性的弱點」，就是生活戲劇化所造成的熟視無睹。每天重複地遇見某人某事，使人們誤以為這種每天遇見是自己的習慣性本能和條件性反射，而本能是無需人的勞作便會自動表現的。因此，羅斯福有意地從主角的中心地位抽身，便能夠打破這種條件性反射，使人們真正看到他的作用。這是人為製造陌生化距離所取得的一種獨特效果。

從更廣泛的意義上來看，羅斯福主動從主角的位置抽身，實際上涉及到邊緣對中心所具有的意義問題。

從中世紀到二十世紀的不斷探險，使歐洲人把世界中心從耶路撒冷挪位到歐洲大陸本身，歐洲是世界的中心，近東、中東、遠東則是同這種中心距離遠近不等的邊緣。按照這種思

---

❹ 參見曼徹斯特：《光榮與夢想——一九三二～一九七二年美國實錄》，第一冊，第一六七頁。

路，美洲大陸作為新大陸，充其量不過是歐洲中心大陸的延伸。這種歐洲中心論的觀點，先天地播下美國人反抗中心的邊緣心理。

對中心和邊緣的認知很大程度上同運動相關。愛默森認為，不斷地到處旅遊，只會使美國人喪失自力更生的創造才能。但從另一方面來看，不斷地遷徙和流動，實際上也大大改變著美國人對中心和邊緣的看法，甚至頗具重要性地培育著美國人的民族性格。

皮爾遜便曾認為：「三 M 因素」，即「運動（Movement），遷徙（Migration）和流動（Mobility）」是形成美國民族特性的決定性因素。

事實上，對邊緣的稱頌、對中心的反抗，構成最具美國民族特色的主旋律。大衛‧梭羅認為，文明和中心是腐敗墮落的，倫理道德來自於荒野和邊緣，生存智慧和生命能力來自於荒野和邊緣，因此，維護荒野和邊緣便是每個美國人不可逃避的責任。安德魯‧傑克遜總統也曾說：美利堅民族是從阿巴拉契山脈才得以誕生的，美國只有生存在阿巴拉契山脈以西的廣大內陸低地，才能夠斬斷同歐洲中心的因緣關係，從而獲得真正的獨立。

歷史學家弗里德里克‧特納是「邊緣論」的最大代表，他於一八九三年在芝加哥美國歷史學會上所宣讀的論文《邊疆在美國歷史上的重要性》，已經成為美利堅民族獨特品格的成型宣言。特納認為，邊疆為美國人提供了機會，使之得以掙脫傳統和歐洲的約束，從而培育起美國人的獨特精神品格：「那種與敏銳和好奇結合在一起的粗獷和力量，那種務實、富於創造和敏於發現權宜之計的性格，那種擅長掌握實際事務而短於藝術、但能有力地達到偉大目標的特性，那種不知休止的緊張精

力，那種主宰一切、為作好作歹而奮鬥的個人主義，還有隨著自由以俱來的開朗活潑與勃勃生氣。」

　　邊疆、邊緣和荒野是美國人的智慧發育地；而從表達的角度來看，把邊緣看作是美利堅民族最重要的品格，也就有使這種邊緣再度占據中心的危險。因此我們不妨說，培育美利堅民族智慧特性和精神品格的是運動，運動把有關中心和邊緣的一切對立統統加以消解；運動既使美國人獲得了培育獨特智慧的可能，又造成了美國人精神品格世界化的現實，以至於最終唯有運動才是美國人唯一獨特的品格。

〈全書終〉

國家圖書館出版品預行編目資料

美利堅的智慧：實用與理想的合眾為一／桂保著 -- 初版 --
新北市：新視野 New Vision，2020. 01
　　面；　　公分--
　　ISBN 978-986-98077-9-1（平裝）
　　1. 民族性　2. 文化　3. 美國

752.3　　　　　　　　　　　　　　　　　　　108017988

美利堅的智慧

桂保　著

主　　編　顧曉鳴
企　　劃　林郁工作室
出　　版　新視野 New Vision
責　　編　林郁、周向潮
　　　　　電話：（02）8666-5711
　　　　　傳真：（02）8666-5833
　　　　　E-mail：service@xcsbook.com.tw

印前作業　菩薩蠻數位文化有限公司
印刷作業　福霖印刷有限公司

總 經 銷　聯合發行股份有限公司
　　　　　新北市新店區寶橋路 235 巷 6 弄 6 號 2F
　　　　　電話 02-2917-8022
　　　　　傳真 02-2915-6275

初版一刷　2020 年 2 月